Gisela Preuschoff
Geborgen im Jahreskreis

Gisela Preuschoff

Geborgen im Jahreskreis

Rituale mit Kindern

Kreuz

Inhalt

Vorwort   9

Menschen brauchen Rituale   11
   Was sind Rituale
und warum brauchen wir sie?   12
   Familienrituale: Liebe gestalten   21

Bestandteile von Ritualen   25
   Anfang und Ende   26
   Der richtige Ort   28
   Die richtige Zeit   29
   Symbole   30
   Farben   32
   Zahlen   39
   Kleidung   48
   Masken   49
   Düfte   51
   Musik   54
   Sprüche, Verse, Geschichten   54
   Besondere Gegenstände und Geschenke ...   55
   Essen und Getränke   56
   Pflanzen   58
   Tiere   60

Kleine Rituale erleichtern den Alltag 61

Erwachen 62
Einander verabschieden 74
Heile, heile Segen –
Heilungsrituale im Familienalltag 78
Gemeinsam Essen 88
Ruhepausen und Stille-Rituale 90
Abendrituale 96
Ins-Bett-Geh-Rituale 97

Nützliche Rituale
für verschiedene Gelegenheiten 103

Jahreszeiten bewusst wahrnehmen
und erleben 104
Redekreis 112
Familienkonferenz 113
Zukunftswerkstatt 114
Eintritt in den Kindergarten 116
Hurra – ich bin ein Schulkind 117
Der Wechsel zwischen Pflicht und Freizeit . 120
Hausaufgaben-Ritual 124
Katastrophentage 125
Kinder in Trennungs- und Stieffamilien 128
Ferienanfang 136
Zeugnisse 138
Streit- und Versöhnungsrituale 140

Vom Sinn und Unsinn der Feste 145

Die Adventszeit 146
Der heilige Abend und Weihnachten 164
Jahreswechsel 167
Fest der Heiligen Drei Könige 169
Fasching und Fastenzeit 171
Aschermittwoch und Fastenzeit 172
Gründonnerstag 175

Karfreitag und das Leid der Welt   176
Ostern   178
Pfingsten   186
Erntedank   187
Laterne, Laterne   188
Geburtstag   191
Willkommensfest und Taufe   194
Erwachsen werden   195

Neue Rituale für neue Menschen   197
Tag- und Nachtgleiche im Frühling   198
Getragen-Werden: Rituale für die Kleinsten   200
Pubertät   203
Qualität der Wochentage nutzen   207
Sonnenwende   215
Tag- und Nachtgleiche im Herbst   217
Ein Dankesfest   217
Neubeginn   218
Rituale für Verstorbene   219
Weißt du noch?   221
Wegfliegen: Wenn Kinder das Haus verlassen   223
Rituale zur Überwindung von Ängsten   224
Reinigungsrituale   227
Plagegeister   230
Schutz- und Segensrituale   231

Literatur   234
Quellennachweis   236

Vorwort

„Ich bin ein durch-ritualisierter Mensch", sagte neulich eine Bekannte von mir. Sie könne niemals eine Tasse Tee trinken, ohne nicht eine ordentliche Tischdecke aufzulegen und eine Kerze anzuzünden.

Ich bin das nicht. Als Kind erfüllte ich mit Freude den Auftrag, beim Bäcker ein frisches Gerstenbrot zu kaufen. Und immer musste ich unterwegs in den Kanten beißen, den Duft und die knusprige Rinde genießend.

Auch sehe ich meine Großmutter vor mir, wie sie in ihrer altmodischen Küche steht und ungeniert Wurst von einer langen Luftgetrockneten abschneidet und in den Mund steckt. »In der Not isst man die Wurst auch ohne Brot«, sagte sie zwinkernd zu mir. Und natürlich auch ohne Tischdecke.

Überdenke ich die Sache, wird klar: Es gibt eben »sone und solche« Rituale.

Sie müssen nicht unbedingt feierlich sein, aber unsere Sinne ansprechen.

Es hat mir viel Spaß gemacht, dieses Buch zu schreiben, denn auf der Suche nach Ritualen musste ich immer wieder über mich lachen.

Ich bin ein ziemlich chaotischer und spontaner Typ und manche Rituale sind mir völlig fremd. Dabei besuche ich doch jeden Morgen im Wald einen bestimmten Baum und trage ihm an schlechten Tagen meine Klagen und Beschwerden vor.

Staunend beobachte ich auch, dass mein Sohn sich ein Badewannen-Ritual erschaffen hat, zu dem Räucherstäbchen und CD-Player gehören. Und natürlich eine verschlossene Tür.

Meiner Tochter serviere ich mit zwölf Jahren immer noch einen in kleine Stücke zerteilten »Gute-Nacht-Apfel«, den sie, ein spannendes Buch lesend, genießt.

Andere Familien kennen nichts Schöneres, als am Samstagabend mit Chips »Wetten, dass...« zu gucken. Oder die Sportschau – gemeinsam mit Opa.

Rituale sind schön. Und viele machen richtig Spaß. Alle sind von Menschen erfunden und zeigen den Reichtum unserer Schaffenskraft.

Ich hoffe, dass Sie, liebe Leserin und lieber Leser, durch dieses Buch angeregt werden, Ihren Familienalltag durch ein paar Rituale zu bereichern. Und dass Sie sich über Ihre spontan erfundenen Rituale freuen. Vielleicht wird Ihnen jetzt plötzlich klar, warum Sie Weihnachten schon immer die rote Tischdecke aufgelegt haben und warum es sinnvoll ist, an der Haustür in Pantoffeln zu schlüpfen.

Rituale sind für mich gestaltete Liebe. Machen wir etwas daraus.

Menschen
brauchen Rituale

Was sind Rituale und warum brauchen wir sie?

Wer genießt das nicht: die erste Tasse Kaffee am Morgen oder das Ausziehen der Arbeitskleidung nach Feierabend, das Sonntagsfrühstück im Bett oder das Anzünden der ersten Adventskerze?

Kleine Rituale erleichtern den Alltag – und verschönern den Sonntag. Aber was sind Rituale überhaupt?

Es gibt mehrere Forschungszweige, die sich wissenschaftlich mit Ritualen befassen. Religionswissenschaftler, Volkskundler und Ethnologen haben in allen Kulturen Rituale gefunden und ganze Bände mit ihren Entdeckungen gefüllt. Das Sonntagsfrühstück im Bett ist ein sehr einfaches Ritual, wenn man es einmal mit den Initiationsriten der Lakota, der Hochzeitszeremonie bei den Luo in Kenia oder der Herstellung eines Sandbildes bei den Navajos vergleicht. Auch die wissenschaftlichen Meinungen darüber, was ein Ritual sei, gehen auseinander. Die Religionswissenschaftler betonen den spirituellen Aspekt. Sie halten die Verbindung für besonders wichtig, die durch das Ritual zu den Göttern, denen es dient, hergestellt wird.

Manche Ethnologen und Volkskundler sehen die nacheinander folgenden Handlungen eines Rituals mehr als »Bräuche« und »Sitten« und andere wiederum heben den Aspekt der Kommunikation hervor. Anhänger alter Religionen definieren Ritual als einen künstlich hergestellten Vorgang, der dazu dient, eine spirituelle Wahrheit zu veranschaulichen.

Trotz unterschiedlicher Sichtweisen haben alle Rituale eines gemeinsam: Sie bestehen aus einer Reihe wiederkehrender Handlungen, die zu einem bestimmten Zeitpunkt an einem bestimmten Ort ausgeführt wer-

den. Immer spielen dabei auch Symbole eine Rolle. Rituale laufen also nach bestimmten, festgelegten Regeln ab und werden mit Gegenständen ausgeführt, die eine besondere Bedeutung haben.

Viele Rituale entstehen ganz unbewusst im Alltag oder werden in gesellschaftlichen, beruflichen oder privaten Bereichen praktiziert. Sie haben jedoch alle den Zweck, dass wir uns besser fühlen wollen, dass wir gute Gefühle geradezu »heraufbeschwören«.

Wenn ich das Frühstück im Bett einnehme anstatt wie üblich am Tisch, bedeutet das wahrscheinlich: Heute ist ein besonderer Tag, ich darf mich gehen lassen, ich darf genießen, ich muss mich nicht an die üblichen Zwänge halten. Ein Ritual bringt ohne Worte etwas zum Ausdruck und spricht dennoch eine deutliche Sprache.

Brauchen wir Rituale aufgrund dieser Eindeutigkeit und Offensichtlichkeit? »Vorsicht!«, meldet da eine Stimme in mir. Viele Rituale sind platt und abgedroschen. Wenn z. B. der erwachsene Sohn, der kaum noch Kontakt zu seiner Mutter hat und wenig für sie fühlt, zum Muttertag brav mit einem Blumenstrauß auf der Matte steht – nur weil sie sonst beleidigt wäre. Eindeutig? Nun – dieses Ritual dient eher zur Aufrechterhaltung eines Scheins. Es ist der letzte Zipfel oder besser eine wacklige Fassade, ähnlich vielleicht dem weißen Kittel und der Fensterglasbrille, mit der ein falscher Arzt seinen Patienten Vertrauen einflößen will – und kann.

Deutlich wird jedoch aus diesen Beispielen, dass Rituale glaubwürdiger sind als Worte, sie überzeugen, weil sie alle oder mehrere Sinne ansprechen und auch auf unser Unbewusstes wirken. Ein Blumenstrauß bedeutet nämlich überall auf der Welt Dankbarkeit und Freude. Jeder versteht das, ob er nun in Amerika oder Russland lebt. Genauso verkörpert eine gemalte strahlende Sonne Wärme und Licht.

Und noch eins ist fast allen Ritualen gemeinsam: Kinder lieben sie und können oft gar nicht genug davon bekommen. Sie sehnen sich noch mehr als Erwachsene nach Zuverlässigkeit, Sicherheit und Geborgenheit. Kinder bestehen darauf, dass wir eine Geschichte auf immer gleiche Weise erzählen oder ein selbst erfundenes Spiel so und nicht anders wiederholen. Rituale bieten jene liebenswerten »Schnörkel« oder »Zaubereien«, die den Alltag schmücken und verschönern.

Indem Rituale unser Unbewusstes und unsere Sinne ansprechen, bewirken sie mehreres: Sie prägen sich ein, verdeutlichen, und sie helfen uns gegen ein Gefühl, das die Menschheit seit Anbeginn verfolgt: die Angst.

Was haben denn Rituale mit Angst zu tun?, werden Sie jetzt vielleicht fragen.

Stellen Sie sich einmal die ersten Menschen vor. Sie waren den Naturgewalten völlig ausgeliefert. Ihre Nahrung, ihre Kleidung, ihr Wohlbefinden hing vollkommen von der Natur ab. Im Herbst konnten sie Früchte sammeln, aber im Winter und im Frühling gab es keine. Wenn die Tiere schneller und geschickter waren als sie selbst, mussten die Menschen hungern, und wenn das Feuer ausging und kein Brennmaterial vorhanden war, zitterten sie vor Kälte. Wenn es nicht regnete und sie keine Quelle wussten, mussten sie dürsten. Es liegt nahe, dass diese Menschen – wo immer sie auf der Welt lebten – Kontakt zu den Naturgewalten suchten, mit ihnen kommunizieren wollten, um sie freundlich zu stimmen, um sie um das Notwendigste zu bitten und um ihnen zu danken, wenn die Jagd gelang, Früchte am Baum hingen und das Feuer brannte.

So entstanden Rituale – sie halfen, Angst zu verringern. Denn wenn man etwas tun kann, wenn es Wesenheiten, Göttinnen oder Götter gibt, die mir helfen und

an die ich mich wenden kann, bin ich nicht ohnmächtig und hilflos. Wenn ich Einfluss habe, wird meine Angst geringer. Rituale können uns helfen, Angst und Schmerzen in positive Energie umzuwandeln. Rituale wirken auf uns selbst zurück.

Es waren konkrete Handlungen, mit denen die Menschen vor langer Zeit ihre Götter freundlich stimmen wollten: Opfer, Räucherungen, Lieder, Tänze, Trommelrhythmen, die bis in den Himmel hinein tönten, Bilder, Gesten und wenige Worte oder Gebete. Und mit konkreten Handlungen drückten sie auch Freude und Dankbarkeit aus.

Wenn Kinder heute nicht auf Ritzen treten, damit ihnen kein Unglück geschieht, wenn erwachsene Männer einen Talisman mit zu einem sportlichen Wettkampf nehmen oder dreimal auf Holz klopfen, dann erinnert das an alte Rituale gegen Angst vor Urgewalten. Werden diese Rituale allerdings zwanghaft, entstehen aus ihnen neue Ängste – wie z.B. beim Waschzwang. Sie bewirken dann genau das Gegenteil.

Deshalb ist für mich das Kriterium für die Qualität eines Rituals seine absolute Freiwilligkeit, die bewusste Entscheidung dafür und die freie Entscheidung der Teilnehmenden. Nur wenn Menschen erleben, dass sie aus Ritualen gestärkt hervorgehen, dass Wachstumsprozesse in Gang kommen und Probleme gelöst werden, sind Rituale sinnvoll.

Sinnvolle Rituale helfen immer, den eigenen Standpunkt zu klären, sich zu verhalten und neue Handlungsperspektiven zu entwickeln. Sie leben aus dem Tun und von unserer Kreativität. Und sie dienen der Selbsterkenntnis.

Selbsterkenntnis aber schafft Lösungswege und gibt Anlass zu Hoffnung und Vertrauen.

Ich weiß nicht, wie viel Angst Menschen in früheren Zeiten tatsächlich hatten. Sie sind niemals von Wissenschaftlern befragt worden.

Sicher ist jedoch, dass heutige Menschen vielfältige Ängste haben. Wissenschaftliche Untersuchungen haben immer wieder ergeben, dass über 70% der Kinder und Jugendlichen Angst vor Arbeitslosigkeit, Umweltzerstörung und ihrer eigenen Zukunft haben, dass sie sich vor Krieg und all den Katastrophen fürchten, die sie täglich im Fernsehen anschauen müssen.

Wenn es immer wieder heißt, dass Kinder Rituale brauchen, dann auch deshalb, weil Rituale Ängste vermindern und Vertrauen stärken.

Wir leben heute ganz anders als die ersten Menschen. Wir haben Klimaanlagen, Kühlschränke, Fußbodenheizung und Supermärkte. Mit der Natur haben wir scheinbar gar nichts mehr zu tun. Der Strom kommt aus der Steckdose und die Milch aus der Pappschachtel, die Wärme aus dem Kraftwerk. Wem sollen wir dankbar sein? Den Männern von der Müllabfuhr?

Dass unsere Nahrung noch immer auf Feldern wächst und von Sonne, Wind und Regen abhängig ist, haben viele vergessen. Nur wenn unsere Luft immer dünner wird und ab und zu die Ozonwerte steigen, erinnern wir uns wieder daran, dass wir die Atemluft nicht kaufen können.

Wenn durch ein Erdbeben Hunderttausende obdachlos werden, kommen wir zwei Tage ins Grübeln, und wenn Schneemassen harmlose Winterurlauber zuschütten, denken wir nach. Gibt es vielleicht doch etwas, das größer ist als all unsere Vernunft?

Rituale thematisieren einen universalen archetypischen Stoff, der allen Kulturen gemeinsam ist.

Wir leben in einer Zeit der Angst und viele glauben, es gebe keine Zukunft.

Rituale können uns helfen, wieder in Verbindung zu treten mit Mächten, die stärker sind als die machtvollsten Menschen.

Rituale können Verbindungen herstellen, sie knüpfen Beziehungen zu nützlichen Energien, zur geistigen Welt. Damit helfen sie uns, Wahrheiten zu entdecken, uns selbst zu erkennen, vertrauen zu lernen und neue Hoffnung zu schöpfen.

Und was hat das alles mit meiner Tasse Kaffee zu tun?

Meine Tasse Kaffee ist ein Symbol. Sie spricht etwas an, das in mir ist, vielleicht im Verborgenen. Sie schließt eine Tür auf zu einem Raum, in dem ich Kontakt herstellen kann. Es ist ein stiller Raum in mir selbst, den ich vielleicht noch gar nicht wahrgenommen habe. Es ist ein Stück Himmel in mir, etwas, von dem ich nur manchmal höre oder ahne, träume, fühle und sehe: mein »höheres Selbst«, wie C.G. Jung das genannt hat. Dieses höhere Selbst drückt sich in Träumen aus, in plötzlichen Eingebungen, in Witzen, in Bildern, die auf einmal in uns aufsteigen. Es spricht die Sprache der Symbole, es ist ein Klang, ein Gefühl, eine Energie, die alles durchströmt.

Viele Menschen haben den Kontakt zu diesem Teil in sich verloren. Sie lenken sich ab, wenn sie ihn spüren, sie schütten ihn zu, wenn er sich meldet.

Bestimmte Rituale, die uns gut tun und oft von uns selbst erschaffen wurden, helfen uns, wieder Zugang zu diesem kostbaren Teil in uns zu finden, zu diesem Licht, in all der Dunkelheit.

So kann ich mich bei meiner ersten Tasse Kaffee am Morgen fragen: Was fühle ich gerade? Wie geht es mir jetzt? Was ist mir heute wichtig?

Die wenigen Minuten, die hierfür notwendig sind, können mir helfen, einen guten Tag zu erleben, Dank-

barkeit zu spüren, und mir eine Richtschnur geben für all die Handlungen, die heute von mir erwartet werden. Indem ich meinen Tag planend durchdenke, mich auf das Wesentliche konzentriere und spüre, was ist, verliere ich Angst und gewinne Gelassenheit.

Mein Morgenritual hilft mir dabei. Ich schreibe zu meiner ersten Tasse Kaffee täglich drei Seiten DIN A4. Alles, was mir einfällt, alles, was ich in dieser ersten Morgenstunde denke. Julia Cameron, eine Kreativitätslehrerin aus Amerika, nennt diese Übung »Morgenseiten« und beschreibt sie in ihrem Buch »Der Weg des Künstlers«. Tatsächlich hilft mir dieses kleine Ritual jeden Morgen.

Ich habe in meinem Leben nie geraucht, aber ich glaube, dass die erste Zigarette am Morgen für viele eine ähnliche Bedeutung hat. Nicht umsonst spielt der Tabak bei vielen der amerikanischen Ureinwohner so eine große Rolle. Für sie war es immer eine Möglichkeit, mit dem großen Geist in Kontakt zu kommen. Und wenn ich heute Menschen sehe, die hektisch oder genussvoll an ihren Zigaretten ziehen, dann kommt es mir so vor, als fände da nicht nur orale Befriedigung statt, wie viele meinen, sondern als würde auch eine ganz große Sehnsucht ausgedrückt, die Sehnsucht, mit der geistigen Welt in Kontakt zu kommen, mit einer höheren Macht, einem Gott zu kommunizieren.

Wenn Gott uns gut zureden würde, hätten wir dann nicht weniger Angst?

Rituale schaffen die Möglichkeit, mit Gott, der sich in der Natur ausdrückt, zu reden. Deshalb helfen sie uns, deshalb sind sie nützlich und deshalb brauchen wir sie. »Nicht die Rituale sind es letztlich, die unser Leben heilen, sondern Gott selbst, dem die Rituale die Möglichkeit bieten, in unser Leben einzubrechen, es zu gestalten, zu heilen und zu verwandeln«, schreibt der Pater

Anselm Grün in seinem Buch über die Bedeutung von Ritualen. (Angaben zu allen erwähnten Büchern finden sich im Literaturverzeichnis am Schluss des Buches.)

Rituale sind fast immer an Strukturen gebunden: sie teilen die Tage in morgens, mittags und abends, sie trennen Arbeits- von Ruhephasen und sie gestalten die Sonntage und Feste in unserem Leben. Rituale, die Lebensphasen kennzeichnen, gibt es fast gar nicht mehr. Es gibt keine Rituale für werdende Eltern, für Geburt und Eintritt in die Pubertät. Es gibt keine Trennungsrituale und keine für Frauen, die in die Wechseljahre kommen. Es gibt kein Ritual für die Aufgabe des Berufslebens oder für die Ankunft der Enkelkinder. In Zeiten, in denen die Altersgrenzen verschwimmen und für Geld in jeder Lebensphase fast alles zu haben ist, fällt es schwer, sich auf Rituale zu einigen, die Sinn machen. Wenn ich mein dreijähriges Kind herausputzen kann wie einen Star und meine 80-jährige Mutter sich liften lässt, erscheinen Übergangsrituale irgendwie komisch. Kinder leben heute vielfach wie kleine Erwachsene und Eltern dürfen sich »ewiger Jugend« erfreuen, wenn sie sich bestimmte Produkte zulegen.

Gleichzeitig werden durch diese veränderte Lebensweise neue Rituale geschaffen: der Sekt-Empfang zum Beispiel, der Disco-Besuch oder der Gang zum Frisör. Unser Outfit hat mit Ritualen zu tun: Es gibt Business-Kostüme und Freizeitanzüge. Auch die Art, wie »man« sich begrüßt oder gemeinsam raucht und trinkt, ist ritualisiert.

Es entstehen täglich eine Menge Rituale neu, die mit Glauben oder Gott vordergründig gar nichts zu tun haben, und es gibt auch immer wieder Rituale, die sogar dunkle Mächte anziehen und heraufbeschwören sollen.

Teufel, Dämonen und andere Schreckgespenster sind Gedankenprojektionen. Sie entstammen der Realität unserer Ängste und Gedanken, die eigene Schatten nicht wahrhaben wollen, die Böses in anderen sehen, wo es in uns selbst nicht wahrgenommen wird. In der Bibel ist die Rede vom Splitter in den Augen unserer Mitmenschen, den wir deutlich wahrnehmen, während wir unsere eigenen Balken nicht sehen wollen.

Wir haben die Freiheit über unsere Gedanken und Taten, es ist göttlicher Wille, dass wir uns in jeder Sekunde entscheiden dürfen. Schwarzmagische Rituale sind wirksam, wenn sie unsere Ängste und Projektionen nähren und wachsen lassen. Dies kann nicht ohne unsere Erlaubnis geschehen. Wenn zum Beispiel ein nüchterner Wissenschaftler ein satanisches Ritual besucht, um darüber zu forschen, wird er es unbeschadet verlassen. Nur dunkle Gedanken ziehen dunkle Mächte an. Sie schaffen dunkle Realität und neue Angst, die vielleicht zunächst von dem guten Gefühl, etwas in den Griff zu bekommen, überdeckt werden mag. Wenn ich meinen scheinbaren Gegner vernichte, fühle ich mich eine Zeit lang vielleicht gut. Langfristig habe ich mir jedoch Millionen neuer Gegner erschaffen, denn was ich bekämpfe, werde ich niemals los.

Was ich hasse und verfolge, ernähre ich mit meiner Energie und erhalte es so lebendig.

Die vielen neuen Rituale, die gesellschaftlich praktiziert werden, haben das Ziel, Angst zu verringern, Sicherheit und Wohlbehagen zu verbreiten. Auch wenn das nicht immer bewusst ist. Wenn ich gemeinsam mit anderen rauche, fühle ich mich nicht so einsam. Wenn ich weiß, wie ich mich in der Disco zu kleiden und zu bewegen habe, bin ich sicherer; wenn ich eine moderne Frisur trage und die Komplimente und liebevollen Gesten der Friseuse genieße, habe ich weniger Angst. Aber wo die Verbindung zu universellen, göttlichen Mäch-

ten fehlt, fühlt sich unsere Seele bald wieder einsam, schlecht und hilflos, und hinter der Fassade des vordergründigen Rituals schaut die Angst erneut hervor.

Angst ist das Gegenteil von Liebe.

Rituale sind notwendig, um den Wert unseres Lebens erfahrbar zu machen und zu verdeutlichen, dass wir mehr sind als bloße Pflichterfüller und Leistungsträger. Sie zeigen uns, dass unser Leben aus mehr besteht als nur zu essen und zu arbeiten. Wenn Menschen keine derartigen Rituale haben, »können sie nie aus dieser Tretmühle herauskommen, aus diesem schrecklichen, zermürbenden, banalen Leben. Im Ritual sind sie Gott nahe, sie sind sogar göttlich«, schreibt C.G. Jung.

Wenn wir unsere alltäglichen oder besonderen Rituale mit Liebe zu uns selbst und dem Universum ausführen, treten wir immer mit göttlichen Kräften in Verbindung. Wir müssen dann keine Angst mehr vor Fehlern haben, denn die Liebe verzeiht alles. Wir müssen uns dann nicht mehr einsam und ungeliebt fühlen, weil die universelle Liebe immer vorhanden ist. Gott und Liebe sind für mich eins.

Die Rituale, um die es in diesem Buch gehen soll, sind für mich Handlungen, die der Liebe dienen. Wir führen sie aus, um etwas auszudrücken, Verbindungen herzustellen, uns selbst zu erkennen, daran zu wachsen. Sie helfen uns, Perspektiven zu entwickeln. Sie sind sozusagen gestaltete Liebe.

Familienrituale: Liebe gestalten

Wenn wir uns einem Menschen liebend zuwenden, bilden sich bald von selbst Rituale heraus. Diese Rituale werden meist gar nicht bewusst gestaltet, sondern erge-

ben sich »einfach so«. Als ich meinen Mann vor 27 Jahren kennen lernte, war ich zum Beispiel sehr beeindruckt von der Art, wie er das Frühstück »zelebrierte«. Bis heute spielt das gemeinsame Frühstück in unserer Beziehung eine große Rolle. Andere Paare haben vielleicht bestimmte Orte, die für sie bedeutsam sind. Liam und Iris haben sich in Schleswig-Holstein kennen gelernt, aber bald festgestellt, dass sie beide in Südafrika geboren sind. Dieses Land hat für sie eine magische Anziehung und gemeinsame Reisen dorthin haben eine besondere Bedeutung.

Helga und Heiner sind oft getrennt, weil sie beruflich an verschiedenen Orten engagiert sind. Die täglichen Telefonate spielen für sie eine ganz große Rolle, und auch für das Wiedersehen hat sich ein besonderes Ritual mit Kerzenlicht und Wein herausgebildet.

Selbst christlich wenig engagierte Menschen wollen in der Kirche heiraten, weil das Ritual der Trauung das Besondere der Ehe hervorhebt. Es verspricht göttlichen Schutz und zaubert eine vertrauensvolle, feierliche und symbolträchtige Stimmung, die ein unvergessliches gemeinsames Erlebnis schafft.

Obwohl kirchlich geschlossene Ehen nicht länger halten als andere, verbindet sich doch mit dem Ritual die Hoffnung, dass es so sein möge. Hierbei wird deutlich, dass das Ritual allein wenig bewirkt, wenn es nicht von Menschen belebt und erinnert wird. So kann es nachhaltig zurückwirken. Das einmalige Hochzeitsritual kann eine Ehe nicht retten, aber viele liebevolle Alltagsrituale und die besondere Gestaltung persönlicher Feste können das manchmal schon. Solche Rituale setzen Kommunikation in Gang, klären Werte immer wieder neu und schaffen täglich Verbindungen.

Bei unserem Frühstücksritual klären wir, was heute für uns wichtig ist und wie wir unsere Arbeit teilen. Bei unserem Abendritual halten wir fest, für was wir dankbar sein können, welche Erlebnisse uns bewegt haben und welche Gefühle uns begleiten. Streitrituale helfen uns, Konflikte zu erkennen und dann auch zu lösen, und Versöhnungsrituale machen deutlich, dass ein neuer Anfang immer wieder möglich ist.

Wenn Paare Eltern werden, verändern sich viele altvertraute Rituale auf drastische Weise: Das gemeinsame Frühstück wird durch Geschrei unterbrochen, das Mittagessen geht im Chaos unter, der Feierabend gestaltet sich plötzlich gar nicht mehr so entspannt, und das nächtliche und erotische Beisammensein wird erheblich gestört.

Wie sollen Rituale da helfen? Sind Babys nicht geradezu Gegner elterlicher ritualisierter Zweisamkeit?

Wenn wir uns den Tagesablauf vieler Menschen ansehen, können kleine Kinder nur Störfaktoren sein. Bei dem Gehetze von Termin zu Termin, bei Konsum und Lustbefriedigung sind Kinder nur im Weg. Fernreisen, Shopping und Life-style vertragen sich nicht mit Stillen, Windeln und Geschrei.

Wie sollen Eltern diese Probleme lösen?

Ich glaube, dass Kinder uns hier auf einen wichtigen Aspekt hinweisen:

Wenn Rituale nicht mehr stimmen, schaden sie nur, wenn Handlungen zwanghaft und unflexibel ausgeführt werden und zu einem hohlen Brauch verkommen, schränken sie uns ein und schneiden uns gerade von dem ab, was wir ursprünglich gesucht haben: Sinnhaftigkeit, Schutz und Vertrauen.

Es gibt bis heute keine Rituale, die uns auf die Elternschaft vorbereiten. Wir müssen sie neu erschaffen. Indem wir für uns selber stimmige Rituale erfinden, schaffen wir für eine bestimmte Zeit einen geschützten

Rahmen, der uns hilft, Werte zu klären, gegenseitige Achtung und Wertschätzung auszudrücken, Vertrauen zu entwickeln und bedeutsam zu kommunizieren.

Immer wieder müssen in Familien Rituale überdacht und auf ihre Stimmigkeit geprüft werden.

Familien brauchen Rituale, um immer wieder Kraft zu tanken, sich an die universelle Quelle der Lebensfreude anzuschließen und Geborgenheit zu erfahren. Genau danach sehnen sich heutige Menschen sehr.

Wenn ein Vater sagt: »Ich liebe mein Kind über alles«, heißt das noch nicht viel. Wenn er es jeden Morgen voller Freude aus seinem Bettchen hebt und mit ihm scherzt und lacht, sagt das sehr viel: Vater und Kind erleben gegenseitige Zuneigung, spüren die Freude aneinander, erleben Geben und Nehmen: Denn das Lachen eines Babys macht uns glücklich und spornt uns an, diese Handlung zu wiederholen, die andererseits das Kind glücklich machte: es nämlich mit Freude aus seinem Bettchen zu heben. Und selbst wenn dieses kleine Morgenritual nur wenige Minuten dauert – es prägt eine Erfahrung, es schafft Vertrauen, es gibt Geborgenheit und vermittelt Lebensfreude. Dieses kleine, vom Vater vielleicht gar nicht bewusst geschaffene Ritual schließt in ihm selbst eine Tür auf, zeigt ihm einen kleinen, vielleicht vergessenen Teil von sich selbst und gibt ihm eine neue Perspektive: Das Leben mit Kindern kann auch schön sein.

In jeder Familie gibt es Rituale, die auf diese Art von selbst entstehen.

Weil ich Ihnen in diesem Buch Anregungen geben möchte, solche kleinen, aber auch großen Rituale bewusst zu pflegen und zu kultivieren, werde ich im Folgenden auf die Bestandteile von Ritualen eingehen und erklären, wie sie wirken.

Bestandteile
von Ritualen

Anfang und Ende

Jedes Ritual hat einen deutlichen Anfang und ein deutliches Ende. Das klingt sehr banal, wird jedoch im Alltag mit Kindern nicht immer beachtet. Wenn Lisa nach dem Gutenachtkuss noch zehnmal aus dem Bett schlüpft und dies und jenes verlangt oder bekannt gibt, fehlt ihr offensichtlich ein Einschlafritual, das ein deutliches Ende setzt.

Wenn der übergewichtige Peter schon wieder an der Keksdose ist und hineingreift, war die Teestunde, zu der auch Kekse gehören, für ihn offensichtlich noch nicht vorüber. Und wenn Leo nicht zum Essen kommt, weil er gerade so schön mit Lego spielt, interessiert ihn die gemeinsame Mahlzeit offenbar nicht so sehr.

Rituale erleichtern den Alltag, weil sie gerade im Leben mit Kindern Anfang und Ende deutlich markieren, den Tag strukturieren und nützliche Gewohnheiten wie Anziehen, Waschen, Zähneputzen, Essen, Ausziehen und zu Bett Gehen ganz selbstverständlich und ohne Druck einüben.

Wenn wir Anfang und Ende betonen, schließt sich ein Kreis. Jeder Tag ist ein Kreis, und jedem Ende folgt ein neuer Anfang. Jeder Monat und jede Jahreszeit, jedes Jahr ist ein Kreislauf. Der Kreis ist das Symbol für alles und eins. Der Kreis hat zwar keinen Anfang und kein Ende, indem wir ihn aber zeichnen oder abschreiten, tanzen oder gehen, beginnen wir irgendwo und enden irgendwo.

Unser Leben nimmt mit der Geburt seinen Anfang und endet mit dem Tod. Nach meiner Überzeugung ist der Tod jedoch kein Ende, sondern ermöglicht einen neuen Anfang, so, wie jeder Sonnenuntergang den Sonnenaufgang ermöglicht und jeder Winter einen neuen

Sommer. Zwischen Anfang und Ende liegt eine Spanne Zeit, die wir Mittelteil oder Hauptteil nennen können. In dieser Zeit werden wiederum bestimmte Handlungen vollzogen. Manche Autoren nennen diese drei Abschnitte eines Rituals auch Ablösungsteil, Umwandlungs- oder Schwellenphase und Angliederungsphase. Im Ablösungsteil lösen wir uns von dem, was zuvor war. Wir ziehen zum Beispiel unsere Arbeitskleidung aus und duschen, wenn der Feierabend beginnt, oder wir schlagen auf einen Gong, um zum Essen zu rufen, wir zünden eine Kerze an, um das Besondere der Situation auszudrücken. In der Umwandlungs- oder Schwellenphase führen wir die Handlungen aus, die für das Ritual von Bedeutung sind: Wir genießen das Essen am feierlich gedeckten Tisch, wir halten uns in einer langen Umarmung beim Versöhnungsritual, oder wir lesen die Gutenachtgeschichte vor. Dadurch wird die Stimmung verwandelt, wir stellen eine besondere Beziehung her und gehen sozusagen über eine Schwelle. Viele Märchenerzähler leiten ihre Märchenstunde mit einem imaginären Gang »durch ein goldenes Tor« oder »über die Brücke ins Märchenland« ein. Solche Worte leiten die »Schwellenphase« besonders deutlich ein. Wir begeben uns in eine andere Welt, schließen uns an besondere Kräfte an und vollziehen etwas Besonderes.

Die Angliederungsphase dient dem Übergang aus dem Ritual heraus, zurück in den Alltag. Doch sind wir nicht mehr die, die gekommen waren, sondern Verwandelte. Wir haben den Zauber der Gutenachtgeschichte in uns, das gute Essen oder die liebevolle Geste. Wir tragen den Schein der Kerze in uns weiter, die Ruhe des Feierabends oder die Wärme des Gesprächs mit dem Partner.

Der richtige Ort

Manche Orte haben magische Kraft, ziehen uns an und faszinieren uns, andere Orte machen uns aggressiv oder ängstlich. Es gibt Orte, die allein durch ihren Anblick Frieden ausstrahlen oder froh stimmen. Für mich ist ein Spaziergang an der Ostsee, in deren Nähe ich wohne, immer mit einem tiefen Glücksgefühl verbunden, und der tägliche Waldspaziergang regt mich zu neuen Ideen oder Lösungsvorschlägen an. Für manche Rituale eignet sich ein hoher Berg, für andere vielleicht ein klarer See oder ein Plateau.

Es ist nicht gleichgültig, an welcher Stelle im Haus das Bett steht oder wo wir unseren Morgenkaffee genießen. Manche Rituale sollten am Essplatz und andere im Schlafzimmer stattfinden. Die »gute Stube« oder das Wohnzimmer hat in manchen Häusern oder Wohnungen rituellen Status: Allein das Betreten ist ein Ritual.

Nicht jeder hat das Glück, durch die Fenster in die Natur zu schauen, aber jeder kann sich an einer Topfpflanze erfreuen oder einen Zimmerbrunnen bauen, eine Kerze anzünden oder einen Bergkristall betrachten.

Rituale brauchen besondere Orte. Dass ein Ins-Bett-Geh-Ritual im Bett endet, sollte eigentlich klar sein. Aber wie ist das Bett gestaltet?

Für das Essen sehen alle Wohnungen Küchen vor, aber wie unterschiedlich können Küchen aussehen! Nicht alle Küchen sind Essplätze – aber welche Plätze eignen sich besonders zum Essen?

Viele Rituale sind mit Kirchen verbunden. Welcher Ort aber ist geeignet, eine Versöhnung zu feiern, den Eintritt in die Wechseljahre oder die erste Menstruation? Ist ein Krankenhaus der geeignete Ort für das Ritual einer Geburt, und welcher Ort eignet sich zum Sterben?

Ich möchte hier keine fertigen Antworten geben, sondern lediglich zu bedenken geben: Orte sind bedeutsam. Und Rituale brauchen geeignete Orte.

Die richtige Zeit

Lange Zeit sah es so aus, als hielten Menschen Sonne und Mond für überflüssig. Schließlich gibt es ja elektrisches Licht und Straßenlaternen, Flutlicht im Fußballstadion und sogar Biolicht für die Deckenlampe.

Neuerdings haben aber Bücher, die »Vom richtigen Zeitpunkt« heißen und viel ähnliche Literatur nach sich ziehen, die Bedeutung des Mondes vielen Menschen erklärt. Es scheint nicht mehr gleichgültig, ob man an Vollmondtagen oder bei Neumond zum Frisör geht. Es gibt auch wieder Kalender, die betonen, dass sie sich nach dem Sonnenrhythmus richten, und überhaupt wird die Natur mit ihrem Licht und Schatten wieder vielen ein Freund.

Der richtige Zeitpunkt ist wichtig, das weiß jeder. Eine Versöhnung ist nur möglich, wenn sich die Wogen der Emotionen gelegt haben, ein ruhiges Gespräch kann erst stattfinden, wenn die Wut verraucht ist. Man kann ein Kind nicht ins Bett bringen, wenn es nicht müde ist, und es ist schlimm, jemand wecken zu müssen, der gerade ganz tief schläft. Kerzen zaubern in der dunklen Jahreszeit eine besondere Stimmung, und Lebkuchen gehören zur Weihnachtszeit. Italienische Menüs schmecken an lauen Sommerabenden im Freien am besten, und Märchen wirken besonders in der Dämmerung eines Herbstabends oder an einem prasselnden Feuer in der Dunkelheit.

Den Zeitpunkt einer Geburt können wir meistens nicht planen, auch der Tod kommt oft unvermutet, und wir wissen nicht im Voraus, wann die erste Menstruation einsetzt. Der erste Schultag wird vom Kultusminister festgelegt, aber wir können bestimmen, wann wir in Urlaub fahren oder heiraten.

Wir können auch die Taufe eines Kindes in eine bestimmte Jahreszeit legen und für bestimmte Familienrituale den passenden Wochentag finden.

Rituale brauchen einen geeigneten Zeitpunkt.

Symbole

Symbole sind Gegenstände, Bilder, Handlungen, Gesten, Haltungen, Aussagen oder Zeichen, die eine tiefe Wirkung auf uns haben, Sinn-Bilder. Sie sprechen unser Unbewusstes an, die rechte Gehirnhälfte, die dem Intuitiven und Nonverbalen entspricht, gleichzeitig wirken sie aber auch auf das Bewusstsein. Ein Symbol hat immer eine vordergründige und eine hintergründige Seite. So ist die Venus von Willendorf einerseits eine Kleinplastik, die eine dicke Frau ohne Gesicht zeigt, andererseits ein Symbol der Fruchtbarkeit und der lebensspendenden Kraft des Weiblichen.

Es gibt individuelle Symbole, die nur »Eingeweihte« verstehen und solche, die archetypisch sind und überall auf der Welt verstanden werden. Sie sprechen unsere tiefsten seelischen Schichten an, den Kern unseres Selbst, durch den wir Gott erfahren. C.G. Jung hat dieses Phänomen mit einem »kollektiven Unbewussten« erklärt und er geht davon aus, dass wir alle ein gemeinsames psychisches Erbe haben, das mit Hilfe der Sprache der Träume und der Symbole entschlüsselt werden kann. Rupert Sheldrake führt Beweise dafür an, dass nicht nur wir Menschen, sondern auch Tiere Zugang zu »morphogenetischen Feldern« haben, in denen weltweit alles Wissen und alle Weisheit gespeichert ist. Jeder kann sich an ein solches Feld anschließen und auf diese Weise Kontakt zum Allwissen oder Gott herstellen.

Wenn dies so ist, wird nachvollziehbar, dass Symbole auch als Ausdruck für die nicht abgebrochene Beziehung zwischen dem Schöpfer und seiner Schöpfung verstanden werden können. Symbole sind demnach auch Kommunikationsmittel zwischen Bewusstem und Unbewusstem, zwischen Mensch und Gott. Indem Symbole überall auf der Welt verstanden werden, machen sie deutlich, dass wir alle demselben Ursprung entstammen und letztendlich eins sind.

Vor einiger Zeit hat meine Nichte geheiratet und ich hatte das Glück dabeizusein. Weil meine Nichte einen griechischen Vater hat und einen Engländer heiratete, waren Menschen aus drei Nationalitäten versammelt – Nationalitäten übrigens, die sich vor zwei Generationen noch bekriegt haben. Das Trauungsritual fand in einer kleinen griechisch-orthodoxen Kapelle statt, die auf einer Insel hoch auf dem Berg liegt. Die Anreise brauchte Zeit und die letzten hundert Meter musste jeder zu Fuß gehen. Vor der Kirche hatten sich viele Menschen, Freunde und Verwandte versammelt, der Bräutigam stand mit seinen Eltern an der Tür und wartete auf seine Braut.

Am Arm ihres Vaters wurde sie ihm entgegen geführt. Er begrüßte sie mit einem Kuss und führte sie in den kleinen, nur mit Kerzen beleuchteten Raum. Hinter dem Brautpaar stand jeweils ein Trauzeuge. Die ganze Zeremonie wurde von mehreren bärtigen Priestern ge-

sungen und natürlich verstanden wir nicht ein Wort. Jeder konnte jedoch spüren, worum es ging, besonders als die beiden kleine Kronen aufgesetzt bekamen, die mit einem Seidenband miteinander verbunden waren. Zum Schluss wurden sie dreimal um den Altar geführt und mit Reis beworfen, ein Ritual, das in vielen Ländern der Welt verbreitet ist.

Farben

Viele Menschen wissen heute, dass Farben uns beeinflussen und prägen. Jede Farbe hat eine bestimmte Energie und sendet eine Schwingung aus, die uns beeinflusst und prägt. Vor einigen Jahren waren so genannte Farbberatungen groß in Mode. Mit Farben soll Aussehen und Charakter unterstützt werden. Heute werden vielerorts Feng-Shui-Kurse angeboten, die sich unter anderem auch mit Farben in Wohnräumen und deren Einfluss auf unser Wohlbefinden beschäftigen.

Jeder kann an sich selbst feststellen, wie Farben wirken, und wir alle haben ein Gefühl dafür, dass bestimmte Farben zu bestimmten Festen gehören.

Zu Weihnachten dominieren die Farben grün und rot, zu Ostern gelb und bunt.

Eine Braut geht üblicherweise in Weiß, Trauergesellschaften tragen schwarz.

Wenn wir Rituale schaffen wollen, müssen wir den Farben, ihren Bedeutungen und der Energie, die sie ausstrahlen, Aufmerksamkeit widmen, sie bewusst auswählen und einsetzen. Ich werde daher im Folgenden Farben auf ihren Symbolcharakter und ihre Ausstrahlung untersuchen und beschreiben.

Rot

Rot ist die älteste Farbe, die Menschen benutzen. Rot ist das Blut, die lebensspendende Kraft in unseren Adern, es ist die Farbe des Menstruationsblutes, das ja der Ernährung des Ungeborenen dienen sollte und bei Nichtschwangerschaft abgeht. Verletzungen und Wunden sind blutrot. So ist Rot die Lebensfarbe, denn es ist mit Geburt und Tod gleichermaßen verbunden. Rot erinnert aber auch an Feuer, an Lebenskraft, Wärme und sexuelle Energie.

Zu viel Rot in einem Raum, z.B. als leuchtende Wandfarbe, macht uns aggressiv, wenig rot, z.B. als Kissen, Kerze oder auf einem einzelnen Sessel, regt uns an.

Rot ist immer auch die Farbe der Liebe. Verliebte schenken sich rote Rosen. Rote Rosen am Weihnachtsbaum verkörpern die Menschwerdung Gottes, einen Akt der Liebe. Ein helles Rot ist eher mit Feuer und Eros verbunden als ein dunkles Purpur, das uns an Königtum und Recht erinnert, während ein sattes mittleres Rot Liebe, Blut und Leben symbolisieren kann.

Gelb

Ein sattes Gelb erinnert uns an Sonnenstrahlen, an Getreide- oder Rapsfelder und die ersten Narzissen im Frühling. Gelb stimmt heiter, es strahlt Fröhlichkeit aus. Gelb war Freyas Farbe, die Liebesgöttin der Germanen, die auch für Frühling und Wachstum zuständig war. Etliche Heilpflanzen wie das gelbe Labkraut, die Königskerze und Arnika waren ausdrücklich ihr geweiht. Alle Schöpfung entstand aus Licht, darum hat Gelb mit Schöpfertum und Wiederkehr aus der Finsternis zu tun.

Gelb hat aber auch eine »männliche Seite«. In vielen Kulturen ist der Sonnengott männlich, das treibende,

befruchtende männliche Prinzip. Auch Jesus, der sich als das »Licht der Welt« bezeichnete, wird oft mit Gelb verbunden.

Blau

Blau wird uns immer an Himmel und Wasser erinnern, an unbegrenzte Ferne und Tiefe. Blau ist nicht nur die Lieblingsfarbe der meisten Menschen, es bringt auch etwas Geheimnisvolles mit sich, lädt zum Träumen ein und ist die Farbe der Sehnsucht. Blau ist auch die Farbe der Berge, wenn wir sie von Fern betrachten. Hier leben seit Urzeiten die Götter.

Das dunkle Blau des Nachthimmels erinnert uns an andere Welten im All, aber auch an die andere Seite der Wirklichkeit, die auch in unseren Träumen des Nachts zum Ausdruck kommt.

Im tibetischen Buddhismus wird Blau mit einem Zustand tiefer, klarer Bewusstheit verbunden. Im Christentum ist Blau die traditionelle Farbe Marias, ihr blauer Mantel ist Ausdruck des Mitgefühls, der Mütterlichkeit, der Hingabe, Treue und unerschöpflichen Liebe.

Grün

Grün ist die Farbe des Wachstums, der Pflanzenwelt, die uns Nahrung gibt. Der Blick auf Grün macht zufrieden, spricht unser Herz an und gibt Energie und Kraft. Für Hildegard von Bingen war Grün das Symbol dafür, dass Gott in allen Dingen ist – wie sonst könnte nach dem Winter das Grün mit so viel Macht hervorbrechen?

Grün wird uns immer wieder geschenkt – und es war als Farbe längst vor uns da.

Als Farbe entsteht Grün aus Blau und Gelb, aus dem Mütterlichen und Väterlichen Prinzip.

Die harmonisierende und ausgleichende Wirkung von Grün wird gemäß aller Farbpsychologen – angefangen bei Goethe – hervorgehoben. Das Grün unserer Pflanzenbrüder ist sanft, freundlich und ausgleichend.

Orange

Orange vermittelt das Gefühl von Wärme und Freude, das uns auch beim Anblick der gleichnamigen Früchte und deren Duft überkommt. Orange ist die Herbst- und Feuerfarbe, das mit Rot verschmolzene Gelb. Es steht für Optimismus, Stolz und Selbstbewusstsein. Orange ist auch oft mit Pfingsten verbunden worden, mit dem heiligen Geist und der Gemeinschaft der Menschen.

Aber auch das Dotter des Ostereis ist Orange und in seiner kreisförmigen Form leuchtet es wie aufstrahlende Energie und eine milde Sonne. Auch Sophia, die weibliche Weisheit, kann in leuchtendem Orange erscheinen. Indische Mönche tragen Orange als Ordenstracht, es ist die Farbe der Erleuchtung.

Violett

Die Farbe der Veilchen kommt im Steinreich als Amethyst in vielen Farbnuancen von Zartlila bis Dunkelviolett vor. In der Apokalypse des Johannes wird der Amethyst als einer der Grundsteine des heiligen Jerusalems, der Stadt des Friedens, beschrieben.

Es ist eine magische Farbe, eine Farbe der Mystik und die Farbe der Passionszeit. Sie erinnert an Entsagung und Tod, an Übergänge wie Morgen- und Abenddämmerung, die einem Wandel vorausgehen. Sie wird auch als Farbe des Zwischenbereiches von Leben und Tod wahrgenommen. Und es ist die Farbe der Priester, als Mittler zwischen Himmel und Erde.

Als Mischung zwischen Rot und Blau ist Violett auch ein Symbol des Androgynen, des ganzheitlichen, männlich und weiblich vereinigten Menschen.

Rosa

Rosa wird zum Malen aus Rot und Weiß gemischt. Max Lüscher, der sich als Psychologe intensiv mit der Wirkung der Farben beschäftigt hat, schreibt: »Das Weiß des Rosarots löst die energetische Kraft des Rots auf. Aber es hemmt sie nicht, sondern befreit sie von der zielgebundenen Energie, denn Weiß bedeutet Freiheit. Rosarot – und das ist sein verführerischer Charme – ist freie, unverbindliche Erregbarkeit.« (zit.n. Riedel, S.48)

In der Natur kommt uns die Farbe in der Rose entgegen. Ihr hat sie auch ihren Namen zu verdanken. Wenn wir Rosa sehen, denken wir an Zartes, Blumiges, Zärtliches, Weiches. Auch Pfirsich- und Mandelblüten sind rosa.

Türkis

Der Türkis ist ein Edelstein, der den Navajos heilig ist. Sie verwenden ihn zu Heilzwecken, für Sandbilder und schützenden Schmuck. Gemischt aus Blau und Grün verbindet sich in Türkis Himmel und Erde und vereint so die Lebenskräfte des Unten mit der Kraft von oben.

Braun

Wohl jeder denkt bei Braun an fruchtbare Erde oder an pelzige Tiere wie Bär, Eichhörnchen oder Reh. Braun vermittelt Sicherheit und Geborgenheit wie eine warme, nährende Mutter, »Mutter Erde« eben. Braun ist jedoch auch die Farbe des Herbstes, des Abschiednehmens und des

Unterirdischen. Viele Genussmittel haben eine braune Farbe – Kaffee, Tee, Schokolade, Kakao und Honig.

Schwarz

Schwarz lässt uns an Nacht und Tod denken. Schwarz erinnert an Schatten und Finsternis, auch an Verbrechen, wenn wir an Schwarzarbeit, Schwarzhandel und Schwarzfahren denken. Oftmals trugen auch Folterer schwarze Uniformen, z.B. die SS. Lüscher beschreibt Schwarz als endgültigen Schlusspunkt, die Grenze, an der das Leben aufhört. So drückt Schwarz auch die Idee des Nichts aus, das gleichzeitig höchste Fruchtbarkeit symbolisiert. Schwarz ist eine geheimnisvolle, auch erotische Farbe, die Hintergründiges ausstrahlt und demonstriert, dass in einer Welt voller vordergründiger Fröhlichkeit auch der Schatten beachtet werden muss.

Weiß

Weiß – als Gegenpol zu Schwarz – ist von der gleichen Absolutheit. Es vereinigt alle Farben, steht für höchste Reinheit, Helligkeit und Licht, andererseits jedoch auch für Tod und Verwesung, wenn unsere weißen Knochen sichtbar werden.

Weiß ist die Farbe der Übergangsriten wie Kommunion, Konfirmation, Hochzeit und Tod.

Gold

Gold ist die Farbe der Könige, eine wertvolle, ganz besonders kostbare Farbe eines Erzes, das natürlich in der Erde vorkommt. Gold verkörpert das Besondere, Einzigartige und Edle. Es übt mit seinem Glanz einen ganz besonderen Zauber aus. In Märchen haben viele Hel-

den eine Beziehung zu Gold: Da ist die goldene Kugel der Königstochter im Märchen vom Froschkönig, das goldene Kleid von Aschenputtel, die goldene Kugel des Eisenhans oder die Goldmarie in Frau Holles Haus und Garten. Gold ist auch eine göttliche Farbe, denn Gott, als das Höchste, wird immer wieder mit Gold symbolisiert: sei es, dass der Saal der Götter mit Gold getäfelt war, wie bei den Germanen, dass wir über eine goldene Brücke ins Reich der Toten schreiten oder dass Jesus Gold als Geschenk erhält. Viele mitttelalterliche Gemälde haben einen Goldgrund, der für höchste Weisheit, Licht und Ewigkeit steht.

Auch von der Sonne sprechen wir als golden oder gülden. Und goldig sind Kinder, die wir als »kleinen Sonnenschein« bezeichnen. So steht Gold auch für Freude und Heiterkeit. Als Metall ist Gold unangreifbar für Rost und Säuren und damit auch Inbegriff des Ewigen und Unsterblichen.

Silber

Silber ist die Farbe des Mondes und hat damit eine starke Beziehung zum Weiblichen. In der antiken Welt galt die Mondgöttin als Mutter alles Lebendigen, als Herrin der Geburten.

Als weißleuchtendes Metall gilt Silber auch als Symbol der Reinheit. »Das Geheimnis des Silbers ist Lauterkeit«, schreibt Ingrid Riedel, und es verbreitet etwas von erstem Morgenlicht, vom »Silberstreif am Horizont«, der Hoffnung verspricht.

Fische schimmern silbrig, genauso wie die Gehäuse von Muscheln und Perlen. So hat Silber – wie der Mond auch – eine Beziehung zu Wasser.

Bachtrompeten und Kirchenglocken enthalten Silber, das ihrem Klang eine besondere Reinheit verleiht.

Zahlen

Obwohl manche Menschen von »nüchternen Zahlen« reden, stecken diese voller Geheimnisse.

Im Grunde wissen wir das auch, warum sonst feiern wir »runde« Geburtstage besonders, warum klopfen wir dreimal auf Holz oder halten die Sieben für eine Glückszahl?

Warum ist Freitag der 13. gefürchtet und der Jahrtausendwechsel ein besonderes Ereignis? Wenn wir einen siebenarmigen Leuchter auf den Tisch stellen, wirkt er ganz anders als einzelne Kerzen. Auch lassen wir das Geburtstagskind dreimal hochleben.

Von Bedeutung ist auch, wie viele Gäste wir einladen – denken Sie nur an Dornröschen.

Wie viele Kinder wünschen Sie sich und wie viele Personen zählt Ihre Familie?

Zufall oder Geheimnis? Schicksal oder Fügung?

Im Folgenden gehe ich auf die Symbolik der Zahlen ein, die sie in einigen selbst gestalteten Ritualen verwenden können. Weil Zahlen immer auch Formen symbolisieren, eignen sie sich in dieser Form als symbolische Geschenke. Wem möchten Sie einen Achtstern und wem einen Sechsstern schenken?

Wieviele Blumen möchten Sie auf das Taufkleid Ihrer Tochter sticken und mit welcher Zahl soll die Schultüte beklebt sein?

Beobachten Sie auch, was für ein Zauber in der Zahl der Geburtstagskerzen steckt, die wir unserem Kind von Jahr zu Jahr auf den Gabentisch stellen.

Eins

Die Zahl eins symbolisiert Einheit und Ganzheit. Eins steht auch für unsere Einzigartigkeit – denn es gibt jeden nur einmal.
Als das All-Eine ist die Eins auch die Zahl für Gott.

Zwei

Die Zwei schafft ein Gegenüber und damit auch Dualität, Zwietracht, Doppeldeutigkeit, Gegensätzlichkeit: Hell und Dunkel, Mann und Frau, Mutter und Kind. Auch bilden viele unserer Organe und Glieder Paare. Wir haben zwei Lungenflügel, zwei Nieren, zwei Augen, zwei Ohren und zwei Hände und Füße.
Im Yin- und Yang-Zeichen sind die Gegensätze der Zwei zu einem vereint.

Drei

Die Drei bringt Bewegung und Dynamik ins Spiel. Eltern merken das deutlich, wenn sie ihr erstes Kind bekommen. Eine Dreierbeziehung ist immer problematisch, jedoch auch sehr belebend und lebendig. Die Drei bringt dem Gegensatzpaar die Auflösung und seit Urzeiten hat sie eine heilige Bedeutung.
Gott wird in vielen Religionen als Dreieinigkeit dargestellt, denn alle Schöpferkraft kommt aus der Dreiheit von Leben, Tod und Auferstehung.

Vier

Ausgewogenheit und Vollendung werden durch die Vier symbolisiert. Es gibt vier Jahreszeiten, vier Himmelsrichtungen und vier Elemente. Viele Blumen haben vier

Blütenblätter und viele Tiere vier Beine. Es gibt vier Evangelisten und vier Cherubim, die in der Vision des Hesekiel die Himmelsfeste stützen.

Fünf

Der Seestern hat fünf Arme und das Kerngehäuse des Apfels fünf Unterteilungen. Viele Sternenblumen sind fünfblättrig, und wir haben fünf Finger und fünf Zehen. Mit Kopf, Armen und Füßen in ausgestreckter Position bildet unser Körper einen Fünfstern.

In China ist fünf die Zahl der Ganzheit, denn es gibt dort fünf Elemente: Erde, Wasser, Feuer, Metall und Holz.

Ein Fünfstern als Amulett soll vor Schaden bewahren.

Bei der mittelalterlichen Suche nach dem »Stein der Weisen« ging es auch um die Fünf. Es war die Suche nach einem Element, das die vier anderen vollendete.

Demnach ist die fünf die höchste Stufe, das Vollkommene.

Sechs

In sechs Tagen erschuf Gott die Welt, heißt es im alten Testament. So steht die Sechs für Schöpferkraft, aber auch für Vereinigung. Die Pythagoräer nannten die Sechs »die Mutter«. Sie steht für Bindung, Verbindung. Zwei Dreiecke bilden den Sechsstern, das Hexagramm. Im Judentum ist es das Symbol für die Einheit von Gott und den Menschen.

Sieben

Seit uralten Zeiten ist die Sieben von geheimnisvollem Zauber umgeben. Sie ist heilig. Sieben Planeten umkreisen die Erde. Der Regenbogen hat sieben Farben und die Tonleiter sieben Töne. Gott segnete den siebten Tag, nachdem er seine Schöpfung beendet hatte. Deshalb ist die Sieben auch eine Glückszahl. Er schickte sieben Plagen nach Ägypten und nach sieben fetten Jahren sieben magere. Rudolf Steiner teilt unsere Lebenszeit in Jahrsiebente ein, und in Ehen gibt es »das verflixte siebente Jahr«. Wir fordern unsere Lieben auf, ihre »Siebensachen« zu packen, und meinen damit: alles.

Acht

Die Acht steht für Stabilität und Harmonie. Sie ist die doppelte Vier und die potenzierte Zwei. Als liegende Acht ist sie das Unendlichkeitszeichen. Es weist uns auf den Schnittpunkt hin, durch den wir immer wieder gehen müssen, um in den anderen Bereich, die andere Realität vorzudringen. Das Rad mit acht Speichen ist ein zentrales Symbol im Buddhismus, das den Weg zur Erleuchtung symbolisiert.

Neun

»Dreimal drei ist neune, du weiß schon, wie ich's meine...«, heißt es in einem Lied. Als potenzierte Drei hat die Neun etwas Geheimnisvolles.

Die Germanen sprachen von neun Welten, und Odin hing neun Tage und neun Nächte an der Weltenesche Yggdrasil. Danach fand er die Runen und kam zur Weisheit. In China glaubt man an neun himmlische Sphären, und Pagoden haben neun Stockwerke, mit denen der

Himmel symbolisiert wird. Neun Engelchöre werden in der Bibel erwähnt. Neun Monate braucht ein neues Menschenleben, von der Zeugung bis zur Geburt.

In unserem Zahlensystem ist die Neun die letzte Zahl der Reihe, die dann wieder mit Eins beginnt.

Zehn

Die Zehn symbolisiert Vollkommenheit. Mit ihren zehn Fingern rechnen Menschen seit alter Zeit. Im hebräischen Alphabet ist der zehnte Buchstabe identisch mit dem Wort »Hand«. Die Zehn gilt als »rund«. Mit der ersten Null beginnen die »runden Geburtstage«.
Indem Gott Moses zehn Gebote gab, steht die Zehn auch für Gesetz und Treue. Das römische Zahlenzeichen für zehn, X, hat die Form eines Kreuzes. Es entspricht dem griechischen Buchstaben Chi und wurde in der christlichen Symbolik daher als Zeichen für Christus benutzt.

Elf

Mit der Elf ist eine Schwelle – die Zehnerschwelle – überschritten. Sie ist mit ihren zwei Einsen eine merkwürdige Zahl, die zwischen der runden Zehn und dem vollen Dutzend, der Zwölf steht.

Bei Elf ist es spät, jedoch noch nicht zu spät. Elf ist so ähnlich wie »fünf vor Zwölf«. Die Elf kündigt etwas an, was um zwölf erscheint. »Bei elf, da klopft's – bei zwölf, da kommt's!«, heißt es in einem Kindervers.

Bei Mädchen könnte man das wortwörtlich auf die Pubertät übertragen.

Im Sport ist der Elfmeter bekannt. Und der Fasching beginnt bekanntlich am 11.11. um 11 Uhr 11.

Zwölf

In vielen alten Kulturen ist die Zwölf die Zahl der Vollkommenheit und der kosmischen Ordnung. Die Zwölf enthält die »irdische Vier« und die »göttliche Drei«. In ihr sind aber auch die Fünf, die Sieben, die Sechs und die Zwei aufgehoben.

Das Jahr wird in zwölf Monate unterteilt.

Große Bedeutung hat die Zwölf durch die zwölf Tierkreiszeichen bekommen, welche die Sonne am Himmel durchläuft. Entscheidende Bedeutung geben manche Menschen auch der Stellung der Planeten in den zwölf Häusern zum Zeitpunkt der Geburt eines Menschen. Auch Tag und Nacht werden je zwölf Stunden zugeordnet.

Das Volk Israel ist aus zwölf Stämmen hervorgegangen, und Jesus hatte zwölf Jünger. Im Johannes-Evangelium lesen wir in der Offenbarung, dass das neue Jerusalem, die Stadt des Friedens, auf zwölf Edelsteinfundamenten gebaut ist. Die Stadtmauer ist von zwölf Toren durchbrochen, in denen zwölf Engel wachen.

Im Judentum feiert der zwölfjährige Junge sein Bar-Mizwa-Fest, die religiöse Mündigkeit. Viele Mädchen bekommen mit zwölf Jahren die erste Mens.

Die Mittagsstunde wie auch die Mitternachtsstunde sind von Geheimnis umgeben. In der Mittagsstunde, so heißt es, schläft Pan; um Mitternacht ist »Geisterstunde«.

Dreizehn

Ähnlich wie die Sieben ist die Zahl Dreizehn gleichzeitig Glücks- und Unglückszahl. Die dreizehnte Fee hat Dornröschen verwünscht. Aber ohne sie wäre keine Entwicklung in Gang gekommen, und niemals hätte der Prinz sie wachküssen können. Die Abwertung der Dreizehn hängt

mit der hohen Wertschätzung der Zwölf zusammen. Während die Zwölf für Ordnung steht, ist die Dreizehn eher »liederlich«. »Jetzt schlägt's dreizehn!«, schreien wir, wenn es uns reicht und sich etwas ändern soll.

In matriarchalischen Kulturen ist das Jahr vermutlich in dreizehn Monate zu je 28 Tagen geteilt worden. Wir erhalten dann 364 Tage. Als urweibliche Zahl, die der Nacht und dem Mond geweiht war, könnte die Dreizehn in der Zeit der Männerherrschaft verdammt worden sein.

Für die Babylonier war Dreizehn die Zahl der Unterwelt. Sie ist aber auch eine Hoffnungs- und Zukunftszahl, wie sie in einigen Märchen vorkommt. Nach zwölf Söhnen wird endlich das ersehnte Töchterchen geboren, das schließlich seine Brüder rettet.

Vierzehn

Die Vierzehn ist eine doppelte Sieben. Im alten Babylon kannte man vierzehn hilfreiche Götter, die halfen, die sieben Tore zur Unterwelt zu durchschreiten. Wenn der Mondmonat aus 28 Tagen besteht, kennzeichnet der vierzehnte Tag genau die Hälfte des Monats.

Rudolf Steiner teilte das Menschenleben in Jahrsiebente ein. Hier markiert die Vierzehn die Zäsur von Kindheit zu Jugend: Spätestens jetzt beginnt die Ablösung vom Elternhaus.

Jesus wurde nach dem jüdischen Kalender am 14. Nisan gekreuzigt. Nach Augustinus beginnt mit diesem Datum das Zeitalter der Gnade.

Fünfzehn

Die Fünfzehn ist eine dreifache Fünf und gleichzeitig die Summe der ersten fünf Zahlen: 1 + 2 + 3 + 4 + 5 = 15. Schreibt man die Zahlen von 1 bis 9 in Dreierreihen auf, ergibt die Summe jeder Diagonale 15.

Ninive, die heilige Stadt Ischtar, hatte 15 Tore, weil die Fünfzehn die der Ischtar zugeordnete Zahl war. Fünf ist auch die heilige Zahl der Venus.

Eine »Mandel« ist eine alte norddeutsche Maßeinheit, die 15 Stück, z.B. Eier, bezeichnet. Der Rosenkranz hat drei Fünfergruppen, die sich auf wichtige Stationen im Leben der Maria – die fünfzehn Geheimnisse des Rosenkranzes – beziehen.

Sechzehn

In der Sechzehn steckt die Zwei, die Vier und die Acht. Besonders in Indien ist diese Zahl von Bedeutung: Eine Frau sollte sechzehn Schönheitsmerkmale aufweisen und sechzehn Schmuckstücke tragen.

In Europa maßen die Rosenkreuzer der Sechzehn besonderes Gewicht bei. Nach ihnen besteht die Natur aus sechzehn Elementen der Philosophie, wobei die alte Vierzahl der Elemente potenziert wurde.

Siebzehn

Augustinus sieht in der Siebzehn eine Kombination von sieben und zehn und führt Bibelstellen an, welche die Sieben als Zahl der Reinigung (Psalm 12, Vers 7) und die Zehn als Lohn (Zehner; Matthäus 20, Verse 2,9,13) erklären. In Psalm 17, Vers 17 heißt es sogar: »Er streckte die Hand aus der Höhe, er griff nach mir, er zog mich heraus aus den großen Wassern...«

Achtzehn

Die Achtzehn kann als dreifache Sechs, doppelte Neun oder Kombination aus Zehn und Acht verstanden werden. Das Achtzehnbittengebet stellt im jüdischen Gottesdienst das Hauptgebet dar.

Im Neuen Testament ist die Achtzehn im Zusammenhang mit einer Frau erwähnt, die Jesus heilte, indem er ihr die Hände auflegte: Sie litt achtzehn lange Jahre an einem Dämon. (Lukas 13, Vers 10-13)

Im Leben der »Tanzenden Derwische« kommt die Zahl achtzehn häufig vor. Wer in den Orden eintritt, muss achtzehn Tage lang als Hilfskraft für alles dienen, dann achtzehn Weisen des Küchendienstes einüben, bekommt einen achtzehnarmigen Leuchter und soll anschließend achtzehn Tage lang in der Zelle meditieren.

Neunzehn

Über die Neunzehn ist nicht viel zu berichten, schreibt auch Otto Betz. Sie leidet daran, eine unvollkommene zwanzig zu sein. Immerhin kann sie auch als kombinierte Zwölf und Sieben gesehen werden. Nach neunzehn Jahren fallen alle Mondphasen wieder auf die gleichen Wochentage.

Zwanzig

Mehrere Kulturen haben die Zwanzig zu einer entscheidenden Zahl gemacht: die Kelten in Europa und die Ainu im alten Japan. Wir haben zwanzig Finger und Zehen – und in einigen Sprachen machen die Zahlen noch deutlich, dass früher mit Hilfe von Fingern und Zehen gerechnet wurde. So heißt im Französischen achtzig »quatrevingt«, d.h. vier mal zwanzig.

In Märchen ist der zwanzigste Tag häufig ein Schicksalstag, der die Wende herbeiführt. Odysseus war zwanzig Jahre lang in der Fremde, bevor er in die Heimat zurück kehrte.

Kleidung

Viele Menschen wechseln die Kleidung, wenn sie von der Arbeit nach Hause kommen. Dieses kleine Ritual wurde nicht nur geschaffen, um weniger gute, bequeme oder saubere Kleidung anzulegen, sondern auch, um deutlich zu machen: Jetzt ist Schluss, Feierabend. Etwas Neues beginnt.

Festliche Kleidung unterstreicht die Besonderheit eines Tages oder Festes. So trugen Menschen von jeher bestimmte Sonntagskleider zum Kirchgang, die man heute in vielen Heimatmuseen anschauen kann.

Manche Anhänger von Gruppen tragen als äußeres Kennzeichen bestimmte Kleidungsstücke oder Farben: Priester violett, manche Mönche und Nonnen schwarz oder braun, zerrissene, alte Sachen sind Kennzeichen der Punks, Orange ist die Farbe von Schülern indischer Gurus, Schwarz ist bei Künstlern und Existenzialisten beliebt. Die Farbe der Schnürsenkel gibt bei manchen Jugendlichen Aufschluss über die Zugehörigkeit zu einer bestimmten Gruppe.

Daher ist es durchaus sinnvoll, bei Ritualen Kleidung mit einzubeziehen, zum einen wegen ihrer Farbsymbolik, zum anderen, um einen Neubeginn zu unterstreichen. Es ist kein Zufall, dass früher Jungen bei der Konfirmation den ersten Anzug erhielten oder Mädchen die ersten »Nylonstrümpfe«.

In Ritualen, bei denen es um Reinigung und Neuanfang geht, wechseln die Teilnehmer gewöhnlich an einer Stelle die Kleider, um zu unterstreichen, dass die Schwelle überschritten wurde.

Masken

Während kleine Kinder meistens Angst vor Masken haben – schließlich machen sie vertraute Personen ganz unkenntlich –, haben ältere oft großen Gefallen daran. Wer als Erwachsener einmal mit Masken gearbeitet hat, wird von ihrer Wirkung fasziniert sein. Mit einer Maske können wir die verschiedenen Aspekte unserer Persönlichkeit zum Ausdruck bringen, verborgene Qualitäten oder Schatten von uns zeigen und uns so auf ganz neue Art und Weise kennen lernen. Tiermasken helfen uns, die Eigenschaften von Tieren anzunehmen und Zugang zu unserer Intuition zu finden. Masken herzustellen, ist ein äußerst kreativer Prozess, an dem sich auch jüngere Kinder schon mit Begeisterung beteiligen werden.

Masken eignen sich gut für Rituale, bei denen es um die Persönlichkeit des Einzelnen geht, darum, Eigenschaften anzunehmen oder abzulegen oder einen Menschen neu wahrzunehmen. Hinter einer Maske wagen auch schüchterne Menschen eher, sich darzustellen und aus sich herauszukommen. Beobachten Sie einmal, wie sich ein zartes Kind mit einer Löwenmaske verwandelt und wie sich ein kleiner Hitzkopf hinter einer Taubenmaske verhält.

Rollenspiele und Verkleiden spielen alle Kinder gern – auch wenn nicht gerade Fasching ist.

Masken eignen sich auch für Tänze und Pantomimen. Wäre es nicht komisch und garantiert unvergesslich, wenn Sie als Eltern Ihren Kindern auf diese Art und Weise ohne ein einziges Wort eine wichtige Botschaft vermittelten, z.B. weniger zu streiten oder sorgfältiger aufzuräumen?

Auch Clowns tragen Masken und werden überall auf der Welt verstanden.

Bei Heilungsritualen und Zeremonien, in denen man die Hilfe der anderen, geistigen Welt erbittet, haben Masken schon vor Jahrtausenden eine Rolle gespielt. Ein Besuch im Völkerkundemuseum kann Sie hierüber informieren.

Masken lassen sich aus unterschiedlichsten Materialien herstellen.

Ganz einfach sind solche aus Papiertüten oder Papptellern. Besonders schön finde ich Masken aus Pappmaschee, das aus Zeitungspapierschnipseln und Tapetenkleister angerührt wird. Ich empfehle Ihnen, schweigend zu arbeiten und bewusst die Maske so zu gestalten, »wie ich auf keinen Fall sein möchte«. Auch »blind«, mit geschlossenen Augen, zu arbeiten hat seinen besonderen Reiz. Man kann Pappmacheemasken in noch feuchtem Zustand mit Seidenpapier bekleben oder nach dem Trocknen mit Tusche oder Plaka-Farbe bemalen oder besprühen. Naturmaterialien wie Federn, Moos, Flechten, Zweige oder gekauftes Zubehör wie Glitzer, Sternchen u.ä. beflügeln Ihre Fantasie sicherlich genauso wie meine.

Düfte

Wenn es nach Tanne, Bienenwachs, Zimt und Vanille duftet, denkt wohl fast jeder an Weihnachten. Mein Geburtstag im März riecht nach Regen und frischer Erde. Katholische Kirchen riechen nach Weihrauch, und es gibt wohl kaum eine Religion, die Düfte nicht einbezieht. Ursprünglich sollten Düfte die Götter freundlich stimmen, jedoch werden auch die irdischen Wesen von Düften beeinflusst. Indem wir Rituale mit Düften verbinden, wird ein weiterer Sinn angesprochen, und im Gedächtnis bleibt das Ereignis fest verankert. Außerdem zaubern Düfte nicht nur eine besondere Atmosphäre, sondern wirken auch auf das Gehirn. Von dort werden Botenstoffe ausgesandt, die wiederum bestimmte Körperreaktionen hervorrufen. So beruhigt der Duft von Lavendel und eignet sich daher für Abendrituale, während der Duft von Rosmarin den Kreislauf anregt, das Gedächtnis stärkt und wach macht.

Für Rituale können Düfte in verschiedener Form eingesetzt werden.

Duftlampe

Wer in der Adventszeit, bei den Hausaufgaben oder an gemütlichen Abenden eine Duftlampe anzündet, sorgt für eine wohltuende Atmosphäre. Mit einer Duftlampe können wir das Feierabendritual unterstützen, das Hausaufgaben-Ritual erleichtern und entspannt Abschied vom Tag nehmen. Wer keine Duftlampe hat, kann auch in eine schöne Schüssel ein paar Tropfen ätherisches Öl geben und dieses mit heißem Wasser aufgießen.

Ich empfehle, für Duftlampen nur qualitativ gutes und reines ätherisches Öl möglichst aus kontrolliert bio-

logischem Anbau zu verwenden. Synthetisch hergestellte Öle oder billige Mischungen, deren Etikett nichts
über Herkunft, Pflanzenart und Herstellung aussagt,
sind nicht zu empfehlen. Sie erzeugen eher Kopf-
schmerzen, als dass sie wirken.

Hier einige Rezepte für Duftlampen:

Guten Morgen!

Die ätherischen Öle von Grapefruit, Zitrone und Rosmarin sind ausgesprochene Muntermacher. Stellen Sie
Ihrem »Morgenmuffel« oder sich selber eine Duftlampe
mit einem dieser Öle morgens ans Bett oder ins Bad.

Frischer Kopf

Das ätherische Öl von Rosmarin und Zitrone wirkt kon-
zentrations- und gedächtnisfördernd. Für Hausaufgaben und geistige Arbeiten eignet sich daher eine Mischung aus beiden oder eines der Öle, in die Duftlampe
gegeben. Wenn Sie ein paar Tropfen des ätherischen Öls
in etwas fettes Pflanzenöl geben, z.B. in Mandelöl, und
damit die Oberseiten der Ohren massieren, werden Sie
oder Ihr Kind putzmunter.

Gemütlicher Tagesausklang

Eine Vorlesestunde am Abend kann mit folgender Mischung verschönt werden:
2 Tropfen Lavendel und
2 Tropfen Orange
in eine Duftlampe mit Wasser geben.

Räucherungen

Eine andere Möglichkeit, Düfte einzusetzen, ist das Räuchern. Es wird seit Jahrtausenden für Rituale eingesetzt.

Mit Räuchern ist immer ein Reinigen der Atmosphäre verbunden. Dieses Reinigen ist einerseits symbolisch gemeint: Wir befreien uns von schlechten Gedanken und Energien. Andererseits wirken Räucherungen auch tatsächlich keimtötend und desinfizierend.

Zum Räuchern benötigt man eine Räucherschale mit etwas Sand, ein Stück glühende Kohle bzw. spezielle Kohle für Räucherungen und getrocknete Kräuter bzw. Baumharze. Man kann Räuchermischungen fertig kaufen, aber auch selber herstellen, indem man z.B. Salbei und andere Pflanzen mit duftenden Blättern trocknet und aufbewahrt, um sie für Räucherungen zur Verfügung zu haben. Das Räuchergut wird auf die glühende Kohle gelegt und steigt – sehr eindrucksvoll und sinnfällig – zum Himmel auf.

Räucherstäbchen vereinfachen den Vorgang, nehmen ihm aber auch ein Stück rituelle Sinnlichkeit. Auch bei Räucherstäbchen sollte man auf beste Qualität, d.h. möglichst naturreine Produkte achten.

Räucherungen eignen sich besonders für Rituale, bei denen man Altes loswerden oder loslassen will, zur Reinigung und bei besonders feierlichen Anlässen, die mit Stille verbunden sind.

Musik

Ein kleines Lied

*Ein kleines Lied, wie geht's nur an,
dass man so lieb es haben kann?
Was liegt darin? Erzähle!*

*Es liegt darin ein wenig Klang,
ein wenig Wohllaut und Gesang
und eine ganze Seele.*

Marie von Ebner-Eschenbach

Passende Musik unterstreicht in fast jedem Ritual die Wirkung. Vom Schlag auf die Klangschale übers Wiegenlied bis zu Oratorien und Konzertsätzen ist Musik immer geeignet, direkt Gefühle anzusprechen und Stimmungen zu vertiefen. Musik versetzt uns in helle Freude, bringt uns zum Weinen oder reißt uns mit ihren Rhythmen mit.

Sprüche, Verse und Geschichten

Die Wirkung von Reimen, Sprüchen und Geschichten auf kleine Kinder ist unglaublich. Meine sehr eigenwillige Tochter konnte ich als Kleinkind mit Geschichten vom »kleinen weißen Kaninchen« geradezu hypnotisieren. Wenn sie sich die Fingernägel nicht schneiden lassen wollte, fing ich einfach an: »Weißt du, das kleine weiße Kaninchen bekam eines Tages Besuch von Tante Rübe, und die hatte ein wunderbares Geschenk ...« Inzwischen hatte ich ihre Hand genommen und mit dem Nägelschneiden begonnen. »Es war eine silbrig blitzende Nagelschere, und die fand das kleine weiße Kaninchen so schön, dass ...«

Alte Kinderreime, die Sie in diesem Buch an einigen Stellen finden, machen kleinen Kindern vom Klang her Spaß. Kinder lernen sie durch die stetige Wiederholung bald auswendig, entwickeln ein Gefühl für Sprache, Reim und Rhythmik. Obwohl ich meinen Kindern viele dieser Reime vorgesprochen habe, entdeckte ich doch beim Schreiben dieses Buches, dass ich selber in meiner Kindheit wesentlich mehr Reime kannte. In früheren Zeiten gab es weniger Spielzeug, und Eltern beschäftigten ihre Kinder mit dem »Geschenk der Sprache«. Das gluckernde Lachen, das Abzählverse, Fingerspiele und Kniereiter bei kleinen Kindern hervorrufen, wird auch Ihnen bald bestätigen, das es sich lohnt, einige dieser alten Rituale aufleben zu lassen.

Übrigens kann man mit Kindern auch selber dichten.

Heinrich Hannover hat uns eine ganz einfache Reimart vorgemacht:

O bibbele babbele bisch
Da drüben fliegt ein Fisch

Besondere Gegenstände und Geschenke

Gegenstände, die etwas symbolisieren, sind mit ihrer Sinnhaftigkeit wichtiger Bestandteil von Ritualen. Was wäre ein König ohne Krone und Zepter, ein Schornsteinfeger ohne Leiter, ein Brautpaar ohne Ringe, ein Jugendlicher ohne Walkman oder CD-Player? Autos

und Motorräder erfüllen bei vielen Menschen nicht nur einen praktischen Zweck, und jeder Junge hat wohl irgendwann ein Messer.

Indem wir uns bei Ritualen etwas schenken, schaffen wir andauernde Erinnerungen. Diese Geschenke werden sorgfältig ausgewählt, und sie müssen nichts kosten. Es ist sogar besonders hilfreich, diese auf einem langen Spaziergang in der Natur zu suchen. Mein Problemlösungsritual besteht zum Beispiel darin, einen ausgedehnten Waldspaziergang zu unternehmen und darauf zu achten, welche Zeichen mir begegnen. Oft finde ich in einem Stein, einem Baum, einem Borkenstück oder einer Pflanze einen Hinweis auf die Lösung. Ich nehme sie dann als persönliches Geschenk von Mutter Erde mit nach Hause.

Zum Schuleintritt bekommen Kinder eine Schultüte und einen neuen Ranzen geschenkt, und ich finde es schön, der eigenen Tochter zur ersten Menstruation ein besonderes Geschenk in Form eines Ringes oder einer Kette mit Mondstein zu machen. (vgl. S. 204 f.)

Essen und Getränke

Mahlzeiten sind an und für sich schon Rituale, und ich gehe in einem besonderen Kapitel darauf ein (s. S. 88). Hier soll jetzt nur von besonders symbolträchtigen Speisen die Rede sein. Brot und Wein gehören zu den ältesten und gleichzeitig hoch symbolischen Nahrungsmitteln. Die ungesäuerten Brote zum Pessach-Fest sind als Matzen seit vielen Jahrtausenden jüdische Tradition. Mit Brot und Wein erinnern wir uns beim Abendmahl an das Opfer Christi.

Brot und Salz wird bis heute geschenkt, wenn Menschen eine neue Wohnung beziehen. Man wünscht der Familie damit, dass beides nie ausgehe. Und das bedeutet: Glück und Schutz vor Armut.

Das Osterlamm hat als Opfertier eine Jahrtausende alte Tradition, und bis heute wird ein Schaf geschlachtet, wenn sich ein Moslem in den 40-tägigen von Fasten begleiteten Rückzug begibt.

Fleisch wurde, bevor es Massentierhaltung gab, nur an Festtagen gegessen und Wein nur zu besonderen Anlässen getrunken.

Viele Katholiken aßen freitags stets Fisch, und am Gründonnerstag ist das Genießen grüner Speisen sogar in den Namen eingegangen. Das frische Grün, das in einer bestimmten Gründonnerstagssuppe verarbeitet wurde, ist nach dem langen Winter auch von hohem gesundheitlichen Wert.

Zur Konfirmation durften Jugendliche oft das erste Glas Wein trinken, und auch auf die erste Cola musste man noch in meiner Jugend lange warten.

Zu Weihnachten waren Orangen etwas ganz Besonderes. Lebkuchen gehören untrennbar zur Weihnachtszeit und Eier zu Ostern. Waldmeister findet man in der Natur nur im Mai, und Erdbeeren gab es früher nur im Frühsommer.

Bis heute werden Rhabarber und Spargel nur im Frühling geerntet, während Kürbisse nur im Herbst erhältlich sind. Zu den Geburtstagen meiner Söhne im Sommer gibt es immer Kirschen, während sich meine Tochter zu ihrem Wintergeburtstag an den ersten Clementinen freut.

Indem wir Speisen und Getränke in unsere Rituale mit einbeziehen, unterstreichen wir ihre Wirkung und festigen die Erinnerung auf allen Sinnesebenen.

Pflanzen

Jede Pflanze hat einen symbolischen Wert, der in heutiger Zeit oft in Vergessenheit geraten ist. Mit dem wunderschönen Buch von Marianne Beuchert, »Symbolik der Pflanzen«, kann man sich vieles in Erinnerung rufen. Dass sich Verliebte rote Rosen schenken und dass jede Braut einen Blumenstrauß trägt, weiß jeder in unseren Breiten.

Auch unseren Toten legen wir Kränze aufs Grab, die oft die Lieblingsblumen der Verstorbenen oder besonders symbolträchtige Pflanzen wie weiße Lilien enthalten.

Zur Genesung schenken wir Blumen, und ich finde es sehr schön, Müttern mit ihren Neugeborenen die besonderen Blumen der jeweiligen Jahreszeit zu schenken. Ich erinnere mich noch heute gut an einen herrlich bunten Wicken-Strauß, den ich zur Geburt meines Sohnes Till vor 20 Jahren erhielt. Weder im Frühling noch im Herbst und schon gar nicht im Winter bekommt man diese Blumen.

Zu meinem Geburtstag im März schenkt mir mein Mann stets viele gelbe Primeln, weil ich mich so nach dieser Farbe sehne, die es im Winter einfach nicht gibt.

Die Monate August und September sind für mich mit Sonnenblumen verbunden. Mit diesen herrlichen Pflanzen werden in manchen Kindergärten Feste gefeiert, die sich ganz um die Sonnenblume drehen.

Zum Advent gehören immergrüne Pflanzen. Narzissen sind als »Osterglocken« ganz mit Frühling und Auferstehung verbunden. Überhaupt ist Gelb eine Frühlingsfarbe, und viele Heilkräuter und Blumen blühen im Frühling gelb.

Die Lotusblume, die sich aus dem Schlamm hervorhebt und mit einer wunderschönen Blüte auf der

Wasseroberfläche schwimmt, ist im Hinduismus und im Buddhismus das Symbol der Meditierenden.

Myrtenkränzchen und Gestecke symbolisieren Reinheit und Neubeginn, weshalb sie von Bräuten und Konfirmanden getragen werden.

Schneeglöckchen und Krokus sind wohl für jeden von uns die erste Blumenfreude nach dem langen Winter.

Bäume verbinden Himmel und Erde miteinander, und es ist eine schöne Sitte, zur Geburt eines Kindes einen Baum zu pflanzen. Für Mädchen werden häufig Kirschbäume gewählt, die mit ihren wunderschönen Blüten und geradezu erotisch-schönen Früchten eine sehr weibliche Ausstrahlung haben. Für Jungen wählt man häufig Eichen oder Linden.

Ein Bekannter von mir bekam nach einer Krebsoperation von seiner Freundin einen Gingko-Baum geschenkt, den sie gemeinsam in den Garten pflanzten. Den Ginko gibt es schon seit der Urzeit auf Erden, und er symbolisiert wie kein anderer Baum Heilung und Lebensfreude.

Früher war es auch üblich, schlimme Krankheiten vom Menschen weg auf Bäume zu übertragen, indem man z.B. Körperabsonderungen des Kranken in die Baumrinde gab. Auch wenn uns solche Rituale heute nicht mehr überzeugen, zeigen sie doch, dass Pflanzen hilfreiche Begleiter unseres Lebens sein können.

Indem wir uns bei Ritualen mit bestimmten Pflanzen verbinden, beziehen wir die Kräfte der Natur zu unserer Unterstützung ein, lassen uns von ihren Farben, Heilkräften und Düften beeindrucken und verbinden uns so mit natürlichen Helfern.

Tiere

Genau wie Pflanzen haben auch Tiere symbolische Funktion. Bei einem Fuchs denkt wohl jeder an »Schlaumeier«, ein Küken ist der Inbegriff von zart und flauschig. Ein Löwe strahlt Kraft und Selbstbewusstsein aus.

In Ritualen können Tiere uns helfen, bestimmte Aspekte oder Eigenschaften wahrzunehmen und mit mehreren Sinnen zu beachten. Tiere (aus Stoff, Holz oder Ton, oder Bilder von Tieren) eignen sich auch als Geschenke.

So könnte man einem Kind, das von langer Krankheit geschwächt ist, in einem Heilungsritual ein Krafttier – z.B. ein Pferd oder einen Bären – schenken. Familien können sich Tiere als »Wappen« wählen und Paten können Kindern anlässlich der Taufe oder eines Geburtstages ein Tier schenken, dessen Eigenschaften das ihnen anvertraute Kind vielleicht besonders benötigt.

Tiere eignen sich auch für Streit- oder Versöhnungsrituale. So erinnert mich ein schwarzer Puma an meine Wut, die ich auf nicht verletzende Art zum Ausdruck bringen darf. Eine Taube oder ein Lamm könnte ein hitziges Temperament auf Sanftmut hinweisen.

Ein Delphin drückt Lebensfreude aus und ist ein wunderschönes Geschenk für ein krankes oder trauriges Kind.

Kleine Rituale erleichtern den Alltag

Erwachen

Wachet auf
Wachet auf
Es krähte der Hahn
Die Sonne betritt
Ihre goldene Bahn

(alter Kanon)

Ich erinnere mich sehr gut daran, dass mein Vater uns Kinder häufig mit dem Singen eines Morgenliedes geweckt hat. Ich kenne diese Lieder bis heute und sie rufen schöne Kindheitstage in mir hervor. Wie lieblos erscheint mir das Piepen meines elektronischen Weckers dagegen!

Die ersten Begegnungen nach dem Erwachen können einen Tag entscheidend prägen.

Ein Wiener Kabarettist sagte einmal bei einer Aufführung: »Warum guten Morgen sagen? Man sieht ja eh, dass es hell wird.«

Das ist genau der Grund: Es wird auch ohne uns hell. Wenn wir den Tag und uns selber am Morgen freundlich begrüßen, fühlen wir uns wohler.

Menschen, die morgens von Natur aus munter sind, haben es natürlich leichter. Aber ich glaube, jeder kann sich wenigstens einmal am Morgen ein Lächeln abringen und eine freundliche Begrüßung aussprechen.

Besonders dankbar bin ich meinem Mann für einen morgendlichen Witz, denn nichts ist schöner, als den Tag mit Lachen zu beginnen. Wer in einem eher humorlosen Haushalt lebt, kann sich für diesen Fall einen Kalender mit Cartoons auf den Seiten besorgen, die täglich abzureißen sind.

Was immer Ihnen möglich ist – richten Sie Ihre Achtsamkeit einmal auf die ersten Minuten des Morgens. Wie würden Sie am Morgen gern begrüßt werden? Begrüßen Sie sich selber mit freundlichen Worten und Ermunterungen! Richten Sie nicht über sich und andere und akzeptieren Sie Ihr Spiegelbild, auch wenn es Ihnen keine strahlende Schönheit zurückwirft.

Schaffen Sie sich ein Morgenritual, dass Ihnen hilft, gut in den Tag zu starten.

Mein Bekannter Hans meditiert jeden Morgen mindestens zwanzig Minuten, bevor er sich an seine anstrengende Arbeit als Bio-Bauer macht.

Manche Menschen joggen zwei Kilometer und springen dann unter die Dusche, um fit zu sein für alles, was kommt.

Ich selber verbinde Meditation und Gebet, indem ich um Schutz und Führung und das Gelingen all meiner Aufgaben bitte.

Ich wecke meine Kinder einzeln mit freundlichen Worten und halte ungeachtet ihrer eigenen Laune jede Kritik und Hinweise auf so genannte Fehler von ihnen fern.

Für Beanstandungen oder kritische Nachfragen ist bei uns morgens kein Platz. Ein guter Start in den Tag ist mir heilig.

Wie soll das denn gehen?, werden Sie vielleicht fragen. Morgens bin ich unter Zeitdruck, habe schlecht geschlafen und meine Kinder quengeln und trödeln.

Meine Bekannte Kerstin macht das so:

Damit sie morgens Zeit für ihre Kinder hat, die sie alle drei allein erzieht, steht sie bewusst eine halbe Stunde früher auf. Den Frühstückstisch deckt sie am Vorabend. Jedes Kind hat einen besonderen Becher und sein eigenes Frühstücksbrett. Wenn irgend möglich, stehen wilde

Blumen auf dem Tisch, die Kerstin auf Spaziergängen am Nachmittag gemeinsam mit den Kindern pflückt. Im Herbst und Winter findet sie immergrüne Zweige und dekorative Samenstände. Sie weckt, nachdem sie sich zehn Minuten still vor ihren kleinen Altar gesetzt hat, zuerst ihre große Tochter, danach die kleine. Diese beiden wecken dann gemeinsam ihren Bruder, dem sie beim Anziehen helfen. Während Kerstin das Frühstück vorbereitet, das aus den Lieblingsspeisen der Kinder besteht, hört sie eine bestimmte Musik, die sie aufmuntert und erfrischt. Beim Frühstück wird die Musik bewusst ausgeschaltet und die vier unterhalten sich über ihre Träume und wie sie geschlafen haben.

Danach verabschieden sie sich für den Tag und wünschen sich gegenseitig viel Glück.

Keine große Sache, oder? Trotzdem bedeutet dieses Morgenritual allen sehr viel. Es lässt die Familie Zusammengehörigkeit spüren, vermittelt Geborgenheit und zeigt den Kindern, dass sie ernst genommen werden.

> *Mein Kindchen ist klein,*
> *Kann schöner nicht sein.*
> *Es hat mir versprochen,*
> *Sein Herzchen ist mein.*

> *Blaue Augen im Kopf,*
> *Ein Grübchen im Kinn,*
> *O du herzliebes Kindchen,*
> *Wie gut ich dir bin.*

> *Mein herziger Schatz*
> *Hat Härlein wie Flachs,*
> *Hat Härlein wie Seiden,*
> *Drum mag ich´s wohl leiden.*

Ein Paar aus meinem Bekanntenkreis, das seit kurzem einen kleinen Sohn hat, beschreibt sein Morgenritual so: Weil der kleine Jonas morgens schon früh aufwacht, hat Peter diese »Schicht« übernommen. Um diese Zeit ist er nämlich immer zu Hause. Beim ersten Quäkton nimmt er Jonas liebevoll aus seinem Stubenwagen und bringt ihn zu Heike ins Bett, während er ihm gut zuredet und versucht, ihn mit einem Späßchen zum Lachen zu bringen.

Während Heike Jonas stillt, steht Peter unter der Dusche. Danach darf Heike noch einmal schlafen und Peter holt sich seinen kleinen, nun satten Sohn zum Wickeln ab. Aber zuerst muss Jonas ja noch sein Bäuerchen machen. Während er mit dem Sohn über der Schulter in der Wohnung umhergeht und über den kommenden Tag nachdenkt, macht sich Peter hin und wieder Notizen oder sucht sich Unterlagen für die Arbeit zusammen. Außerdem kocht er Kaffee.

Über dem Wickeltisch ist eine Wärmelampe installiert, die ermöglicht, dass Jonas dort eine Weile nackt liegen und strampeln kann. Peter spielt in dieser Zeit mit ihm und probiert ein paar Albernheiten aus, die den Kleinen zum Lachen bringen.

Nach einer Weile gehen die beiden zum Bäcker, der sich am Ende der Straße befindet. Peter trägt Jonas im Tragetuch und die Brötchen in der Hand. Unterwegs zeigt er ihm Autos, Bäume und immer den gleichen weißen Hund, der seinem Frauchen die Brötchen bringt. Zu Hause angekommen, liegt Jonas auf seiner Spieldecke, während Peter den Frühstückstisch deckt. Er trinkt dann allein seinen Kaffee und isst sein Brötchen, wobei Jonas manchmal auf seinem Schoß sitzt, manchmal auch mit einem interessanten Küchengerät spielt.

Heike ist Peter für dieses Morgenritual sehr dankbar. So kann sie nochmals eine Stunde schlafen oder einfach

nur in Ruhe im Bett liegen. Peter ist ein Frühaufsteher und findet das morgendliche Zusammensein mit seinem Sohn vergnüglich. Sein glucksendes Lachen und sein allerliebstes Gesichtchen begleiten ihn gedanklich immer wieder durch den anstrengenden Bürotag.

Mandarinenwünsche

Petra macht ihren Kindern morgens immer einen kleinen Obstteller zurecht. Indem sie jedem ihrer beiden Kinder die Obstscheiben auf den Teller legt, formuliert sie einen guten Wunsch für den Tag. »Die Bananenscheibe wünscht dir viel Freude im Kindergarten.« »Das Mandarinenstück wünscht dir, dass heute ein Freund zu Besuch kommt.« »Das Apfelstück wünscht dir grüne Ampeln auf dem Schulweg.«

Neue Erfahrungen sammeln

Sandra ist sechs Jahre alt und geht in die erste Klasse. Sie ist ein langsames Kind und trödelt gern. Daher hat sich von selbst ein wenig hilfreiches Ritual herausgebildet: Sandra trödelt, die Eltern ermahnen, Sandra wird ärgerlich, die Eltern ermahnen, Sandra trödelt, die Eltern verlieren endgültig die Geduld und schimpfen heftig.

Solche Ermahn-Schimpf-Rituale gibt es in vielen Familien und sie führen meistens in die Sackgasse.

Ich empfehle den Eltern daher, Folgendes auszuprobieren:

An einem Nachmittag oder Abend, an dem eine gute Stimmung herrscht, setzen sich die Eltern mit Sandra zusammen. »Sandra, uns stört, dass wir morgens so viel schimpfen. Wir möchten, dass du pünktlich in die Schule kommst und wir in Ruhe frühstücken können. Deshalb haben wir Folgendes überlegt. Ab morgen wecken wir dich nur noch einmal. Wir ermahnen dich nicht und schimpfen auch nicht. Zum Frühstück gibt es dein Lieblingsessen, aber nur bis 7.20 Uhr. Danach räumen wir ab. Dein Bus fährt um 7.30. Wenn du den verpasst, bleibst du zu Hause und wir informieren die Lehrerin, warum du nicht kommst.«

Am nächsten Morgen stellten die Eltern nach dem Wecken einen Kassettenrecorder mit einem Lied an, das Sandra sich selber ausgesucht hatte. Sie hatten ihr empfohlen, nach diesem Lied aufzustehen und nach einem zweiten mit dem Ankleiden fertig zu sein. Es klappte! Und die Brötchen, gemeinsam am schön gedeckten Frühstückstisch gegessen, haben gut geschmeckt.

Heikes Kinder sind schon 13 und 14 Jahre alt. Jeden Morgen gab es Streit und Schreierei. Daraufhin beschlossen die drei, dass Heike die Kinder am Morgen liebevoll weckt, danach jedoch wieder in ihr Zimmer oder Bett verschwindet. Nun kommen die beiden Jugendlichen allein klar und fühlen sich groß. Vielleicht kein Ritual – aber auf jeden Fall eine gute Idee.

Tanzen

Mara liebt Musik. Jeden Morgen nach dem Weckerklingeln legt sie ihre Lieblings-CD auf und tanzt zehn Minuten danach. Seit einiger Zeit gesellen sich auch ihre Kinder dazu. Inzwischen wechseln sie sich bei der Musikauswahl ab. An den geraden Tagen tanzen alle nach Maras Musik, an den ungeraden nach den Wünschen der Kinder, die abwechselnd wählen dürfen. So beginnt jeder Tag mit Freude, Leichtigkeit und Bewegung.

Das Sonntagsfrühstück

»Ohne Sonntage gibt es nur Werktage«, heißt es auf einem Aufkleber der evangelischen Kirche. Durch veränderte Ladenschlussgesetze, Schichtarbeit und die Möglichkeit, zu jeder Zeit alles zu bekommen, gerät der Rhythmus von Arbeits- und Feiertagen manchmal durcheinander. Auf diese Weise gleicht ein Tag dem anderen – und solche Allerweltstage kann auf die Dauer niemand leiden.

Wir können jedem Tag etwas Besonderes geben, indem wir bestimmte Rituale erschaffen. Das Sonntagsfrühstück ist ein Beispiel dafür.

Bei den Müllers decken die Kinder am Sonntag für die Eltern den Tisch. Felix bedient die Kaffeemaschine, Pia kocht Eier. Es werden auch Brötchen aufgebacken und eine Kerze angezündet. Wenn alles fertig ist, werden die Eltern geweckt. Das darf allerdings nicht vor 8.30 Uhr sein – so ist es vereinbart.

Beim Frühstück wird gemeinsam überlegt, welche Unternehmung gemacht wird. Felix und Pia dürfen dabei abwechselnd entscheiden. Die Eltern halten sich daran. Es muss kein Ausflug sein, manchmal backen sie Kekse und ein andermal töpfern sie. Oder sie veranstalten einen Lese-Sonntag, an dem Mutter und Vater abwechselnd vorlesen; während es draußen regnet.

Bei den Bergers steht der Vater zuerst auf, oder vielmehr, seine zwei kleinen Söhne schmeißen ihn aus dem Bett. Tim und Lars dürfen Sonntags zu den Eltern ins Bett kommen, eine Weile kuscheln und schließlich toben. Wenn es ihm zu viel wird, verzaubert Herr Berger seine beiden Söhne in Steine, die auf der Wiese liegen und den Wolken zuschauen. Jetzt geht Herr Berger in

die Küche und bereitet das Frühstück vor. Währenddessen macht Frau Berger mit den beiden »Rätselstunde«, das heißt, sie denkt sich selber Rätsel aus wie dieses:

»Ich bin weich, ich bin eckig, auf mir liegt man gern, mit mir schmeißt man gern – wer bin ich?« Danach frühstücken alle vier im Bett und stellen sich vor, dass sie an Bord eines Segelschiffes ihre erste Mahlzeit nach dem schrecklichen Sturm einnehmen. Anschließend ist »Elternstunde«, d.h. die beiden Söhne gehen mit einer riesigen Sanduhr ins Spielzimmer, während sich die Eltern noch einmal zurückziehen dürfen. Erst wenn eine Stunde vergangen und der Sand durchgerieselt ist, beginnt der gemeinsame Tag mit Aufstehen und Anziehen.

Schüttelreime, Zungenbrecher und Rätsel für den Sonntag im Bett

Es sprach der Herr von Rubenstein;
Mein Hund der ist nicht stubenrein.

Menschen mögen Möwen leiden,
Während sie die Löwen meiden.

In Ulm und um Ulm
Und um Ulm herum

Es klapperten die Klapperschlangen,
Bis ihre Klappern schlapper klangen.

Zwischen zwei Zwetschgenzweigen
Zwitscherten zwei Schwalben.

Brautkleid bleibt Brautkleid
Und Blaukraut bleibt Blaukraut.

*Der Kottbusser Postkutscher
Putzt den Kottbusser Postkutschkasten.*

*Ihr Leut, ihr Leut,
Was dies bedeut:
Hat sieben Häut
Und beißt alle Leut.
(die Zwiebel)*

*Zweibein saß auf Dreibein und aß ein Bein.
Da nahm Vierbein Zweibein ein Bein,
Da nahm Zweibein Dreibein und schmiss Vierbein,
Dass Vierbein ein Bein fallen ließ.
(Mensch sitzt auf Melkschemel und nagt an einem
 Knochen, den der Hund ihm weg nimmt)*

*Ich weiß ein kleines weißes Haus,
Hat weder Fenster noch Türe,
Und will der kleine Wirt heraus,
Muss er die Wand durchbohren.
(Küken im Ei)*

*Es ist eine wunderschöne Brück,
Worüber noch kein Mensch gegange.
Doch ist daran ein seltsam Stück,
Dass über ihr die Wasser hangen
Und unter ihr die Leute gehen,
Ganz trocken und sich froh ansehn,
Die Schiffe segelnd durch sie ziehn,
Die Vögel sie durchfliegen kühn.
Doch stehet sie im Sturme fest,
Kein Zoll noch Weggeld zahlen lässt.
(Regenbogen)*

*Zwei Löcher hab ich,
Zwei Finger brauch ich.
So mach ich Langes und Großes klein
Und trenne, was nicht beisammen soll sein.
(Schere)*

*Der arme Tropf
Hat einen Hut und keinen Kopf,
Und hat dazu
Nur einen Fuß
Und keinen Schuh.
(Pilz)*

Der Sonntagsspaziergang

Für Menschen meiner Generation ist der Sonntagsspaziergang als Ritual noch manchmal mit unangenehmen Erinnerungen verbunden. Da musste man weiße Kniestrümpfe tragen, war gezwungen, mitzugehen und durfte sich nicht schmutzig machen.

Sonntagsspaziergänge können aber auch ganz anders aussehen. Ich erinnere mich zum Beispiel an Berlin-Tiergarten, wo ich viele Jahre gewohnt habe. An sonnigen Sonntagen war der ganze Park voller fröhlicher Menschen, vor allem türkischer Nationalität. Auf den großen Rasenflächen wurde gegrillt, die Kinder spielten auf den zahlreichen dort vorhandenen Spielplätzen oder zwischen Eltern und Großeltern. Immer traf man Bekannte oder Freunde, mit denen man plaudern oder lachen konnte, und unsere Kinder waren dort sehr glücklich, denn auf den Spielplätzen gab es interessante Kletter- und Spielmöglichkeiten, Sand und im Sommer auch fließendes Wasser.

Heute liebe ich es, immer wieder an die gleiche Stelle in einem Wald zu gehen. Ich finde es spannend, den glei-

chen Wald jeden Tag – und erst recht jeden Sonntag – anders zu erleben und immer wieder neue Entdeckungen an bekannten Plätzen zu machen.

Als Kinder hatten wir »Kletterbäume«, die wir Sonntag für Sonntag aufsuchen durften. Sie standen im Stadtwald und im Botanischen Garten, in den uns viele Familienausflüge führten. Mein kleiner Bruder und ich freuten uns immer auf die Rast am Kletterbaum, und meine Eltern waren geduldig genug, uns Zeit zu lassen und zu warten.

Mein Vater sagte auch allerlei Verse auf, die uns die Zeit vertrieben, wenn wir müde waren:

> *Ich ging einmal nach Butzlabee*
> *Da kam ich an ein großen See,*
> *Da kam ich an ein Mühlenhaus,*
> *Da schaun drei Hexen zum Fenster raus.*
> *Die erste sprach: Komm iss mit mir!*
> *Die zweite sprach: Komm trink mit mir!*
> *Die dritte nahm den Mühlenstein*
> *Und warf ihn mir ans linke Bein.*
> *Da schrie ich laut: Oh weh oh weh,*
> *Ich geh nicht mehr nach Butzlabee!*

Eine andere Möglichkeit sind Ausflüge zu kulturellen Sehenswürdigkeiten und Ausstellungen. Wenn solche Unternehmungen gemeinsam besprochen werden und die Teilnahme freiwillig ist, können schöne Erlebnisse daraus werden, selbst oder gerade dann, wenn sie von Autopannen, verschlossenen Türen oder anderen unvorhersehbaren Ereignissen begleitet sind.

Wir müssen heute noch darüber lachen, wie wir einmal Schleswig erkunden wollten und das Wikinger-Museum geschlossen war. Na gut, sagten wir uns, dann besuchen wir eben den wunderschönen Dom. Er war geschlossen. Das Schloss Gottorf hat eine Menge zu bieten – leider war nur der kulturhistorische Rundgang geöffnet. Immerhin. Der Wikingerturm ist ein hässliches Gebäude mit 26 Stockwerken, im obersten befindet sich ein Panorama-Restaurant, das einen herrlichen Ausblick über die Schlei und die wunderschöne Landschaft im Umkreis bietet. Ich wollte meine Familie mit einem Besuch dieses Restaurants trösten. Es hatte geschlossen. Letztendlich kehrten wir an einer Pommes-Bude ein. Und heute heißt es dann öfter: Wollen wir nicht noch einmal so schön essen gehen – wie damals in Schleswig?

Ich wollt einmal spazieren gehn
In einen großen Garten.
Wenn nur das böse Tier nicht käm –
Ich kann nicht länger warten.
Bei eins kommt's nicht
Bei zwei kommt's nicht
Bei drei kommt's nicht
Bei vier kommt's nicht
Bei fünf kommt's nicht
Bei sechs kommt's nicht
Bei sieben kommt's nicht
Bei acht kommt's nicht
Bei neun kommt's nicht
Bei zehn kommt's nicht
Bei elf, da klopft's.........(irgendwo klopfen)
Bei zwölf, da kommt's!
(Das Kind scherzhaft packen)

Einander verabschieden

In vielen Familien gehen an Werktagen Kinder und Eltern in verschiedenen Richtungen auseinander. Aber wie verabschieden sie sich?

In einem wunderbaren Buch zur Überwindung von Ängsten las ich einmal, dass es nicht besonders günstig ist, seine Kinder morgens mit einem »Pass gut auf!« zu verabschieden. Das suggeriert nämlich, dass überall Gefahren lauern, denen man ausweichen muss. Die Autorin schlägt stattdessen vor: »Riskier heute mal was!« zu sagen. Sicherlich sind viele von Ihnen bei dem Gedanken an so eine Verabschiedung leicht schockiert. Ich kann Ihnen aber versichern, dass dieses »Riskier heute mal was!« in meiner Familie Bestandteil eines kleinen Rituals geworden ist, das uns immer wieder zum Lachen bringt. Ich finde es wichtig, den Kindern nicht nur ein Schulbrot, sondern auch gute Wünsche mit auf den Weg zu geben. Solange die Kinder das mögen, ist eine Umarmung und ein Kuss sicherlich gut, später sind distanziertere Formen angemessen – aber das verdeutlichen Ihre Kinder Ihnen schon von selbst. Mein jüngster Sohn streckte eines Tages den Arm aus und zeigte mir seine Handfläche, so als wollte er mich wegschieben. Und da wusste ich, dass nun die Zeit des Küssens erst einmal vorbei war. Er war damals elf oder zwölf.

In heutiger Zeit ist es nicht mehr üblich, seinen Kindern segnend die Hände auf den Kopf zu legen. Das ist eigentlich schade, denn gerade heute sind Eltern und Kinder von vielen Ängsten geplagt, und die Vorstellung, dass ein Segen das Kind beschützt, könnte uns helfen, vertrauensvoller durch das Leben zu gehen.

»Gott segne dich«, war einmal ein nicht selten benutzter Gruß. Vielleicht wäre es heute angemessener zu

sagen: »Möge das Universum dir alle Unterstützung geben, die du brauchst«, oder: »Lächle dir selber zu«. Wie auch immer Sie sich entscheiden – es ist der Mühe wert, sich einmal Gedanken über das tägliche Verabschieden zu machen.

Schornsteinfeger Nante
Kommt zu seiner Tante,
Lässt sich dort ein Brötchen geben
Sagt noch nicht mal danke.

Meine Bekannte Heike ist allein erziehend, und Jessica, ihre Tochter, muss morgens allein zurechtkommen. Wenn Jessica aufsteht, findet sie mal im Bad und mal in der Küche oder an der Wohnungstür einen liebevollen Satz von ihrer Mutter vor. Da stehen keine Ermahnungen, sondern Anregungen wie: »Lachen und Lächeln sind die Pforten, durch die viel Gutes in den Menschen hineinschlüpfen kann.« (Christian Morgenstern), »Ich denke heute an dich! Deine Mama« oder »Lass es dir gut gehen, meine schöne Tochter. Ich liebe dich!«

Ganz ähnlich verfahren Holger und Sabine, ein junges Paar. Holger muss sehr früh aufstehen, während Sabine und die dreijährige Lea noch schlafen. Am Kühlschrank aber hinterlässt Holger immer ein Liebesgedicht. Die Worte dazu setzt er mit vorgefertigten Satzteilen, die magnetisch haften, zusammen. (Diese »Liebesgedichtdose« ist über den Buchhandel zu beziehen oder lässt sich – mit Hilfe von Zetteln und Magneten – auch selbst machen.)

Abschiede dauern oft nur wenige Sekunden. Es sind Augenblicke. Nehmen wir das doch wörtlich und schauen dem anderen tief in die Augen. Machen wir einen kleinen Augenblick der Liebe daraus. Vielleicht können wir dann etwas von der unsterblichen Seele unseres

Gegenübers erkennen. Erinnern wir uns daran, dass es immer der letzte Abschied sein kann. Deshalb lege ich großen Wert darauf, in Frieden auseinander zu gehen.

Natürlich lässt sich das nicht immer verwirklichen, aber wenn man einmal darüber nachgedacht hat, fällt es doch leichter, aus Zorn Humor wachsen zu lassen oder den Ärger für den Abschied beiseite zu schieben. Alltagskonflikte sind normal, sie müssen uns nicht auffressen oder über viele Stunden belasten. Sie können Ihrer pubertierenden Tochter zum Beispiel sagen: »Ich bin sauwütend – gerade deshalb wünsche ich dir einen ganz schönen Tag und viel Glück!«, oder: »Fahr zum Donnerdrummel! Ich wünsche dir trotz allem den Segen des Universums.«

Vielleicht können Sie auch ein »Kassiber«, d.h. einen kleinen Zettel in die Brotdose schmuggeln, auf dem ein paar nette Worte stehen, oder sich plötzlich und unverhofft eine Clownsnase aufsetzen und damit zum Abschied winken. Ich finde solche Nasen sehr wirkungsvoll. Man erhält sie in Geschäften für Zauberartikel.

Kleine Kinder haben manchmal Probleme mit dem Verabschieden. Sie »klammern«. Gerade ihnen kann mit einem kleinen Ritual geholfen werden. Legen Sie die Abfolge mit dem Kind genau fest: »Zuerst hängen wir deine Jacke auf. Dann bringe ich dich in den Raum. Dann geben wir uns ein Küsschen und umarmen uns. Danach binde ich dir mein Halstuch um, dann hast du etwas von mir bei dir. Dann wünsche ich dir viel Spaß und gehe. Du kannst aus dem Fenster schauen und winken. Um drei hole ich dich wieder ab.«

Manchmal fällt Müttern der Abschied mindestens genauso schwer wie dem Kind. Dann hilft folgendes Ritual, das ich von Verliebten abgeschaut habe: Tauschen Sie etwas aus, was Ihnen gehört und Ihnen wich-

tig ist. Geben Sie z.B. Ihrem Kind Ihren Armreif oder Ihren Schal mit und nehmen Sie umgekehrt sein Kuscheltier oder seinen Schnuller mit zu sich. Indem man etwas bei sich hat, was der andere mag, hat man einen Teil von ihm mit dabei – und fühlt sich getröstet.

In vielen Kindergärten gibt es ein besonderes Abschiedsfenster. Dorthin geht die Erzieherin mit dem Kind, wenn die Mutter gegangen ist, und winkt zum Abschied.

Dies ist natürlich nur ein Vorschlag von mir, den Sie mit Ihrem Kind gemeinsam so abändern, wie es für Sie beide passt. Das wichtige ist, dass das Ritual so wie besprochen und nicht anders abläuft und dass Sie wirklich gehen, wenn es an der Zeit ist. Jede Unsicherheit Ihrerseits verunsichert das Kind und macht ein Drama aus einer Sache, die nicht dramatisch ist.

Mitbringsel und Wegbringsel

Ich finde, es ist eine schöne Sitte, den Daheimgebliebenen von einer Reise eine Kleinigkeit mitzubringen. Ich denke dabei nicht an wertvolle Geschenke, sondern an symbolische Gaben, Zettelchen oder Liebesbriefe, die zeigen: Auch als ich weg war, habe ich an dich/euch gedacht.

Ist man mehrere Tage weg und das Kind noch klein, kann eine Schnur mit Wunschperlen oder farbig eingepackten Kleinigkeiten helfen, die Dauer des Fortseins abzuschätzen und sich täglich ein wenig zu trösten. Für jeden Tag der Abwesenheit gibt es eine Perle oder ein Päckchen.

Dabei stehen die Wunschperlen für einen täglichen Wunsch, der eingelöst werden darf: eine besonders lange Geschichte hören, ein Eis bekommen, ein bestimmtes Kartenspiel spielen u.ä.

Fährt umgekehrt ein Kind auf Klassenfahrt oder geht schon mit dem Kindergarten auf Reise, kann ihm ein Wegbringsel helfen, den Abschiedsschmerz zu überwinden. Es ist ein ganz kleines Geschenk, das erst geöffnet werden darf, wenn das Kind bereits unterwegs ist.

Heile, Heile, Segen
Heilungsrituale im Familienalltag

Heile, heile Segen,
Drei Tage Regen,
Drei Tage Schnee –
Es tut schon nicht mehr weh.

Heile, heile Segen,
Drei Tage Regen,
Drei Tage Sonnenschein –
Morgen wird es besser sein.

Eltern von kleinen Kindern wissen, was Pflaster bewirken. Selbst wenn eine kleine Wunde oft ohne Pflaster besser heilt, benötigt das Kind die rituelle Wirkung des Pflasters. »Aus dem Auge, aus dem Sinn«, heißt es im Volksmund. Das Auflegen des Pflasters hat aber auch die wortlose Funktion: »Ich kümmere mich um deinen Schmerz, ich helfe dir.«

Bevor es Pflaster gab, haben übrigens Blätter bestimmter Pflanzen diese Funktion übernommen. Ähnlich wie die Pflaster wirken auch die kleinen Verse, die man Kindern zur Heilung vorsingt – die Zuwendung tröstet und lenkt vom Schmerz ab.

Viele einfache Heilungsrituale sind in Vergessenheit geraten. Wie wohltuend ist es aber, wenn wir unseren Lieben die Hände auflegen, uns Zeit für sie nehmen und sie durch unsere guten Wünsche segnen.

Wie brutal ist die Verabreichung von Fieberzäpfchen im Vergleich mit liebevoll umgelegten Wadenwickeln. Zugegeben, die Halswickel und Schwitzpackungen meiner Kindheit waren nicht gerade vergnüglich – aber sie taten enorm gut. Hinterher. Und was wäre eine Krankheit ohne die liebevoll servierte Tasse Kräutertee?

Aus der neusten Immunforschung ist bekannt, dass der Mensch über unglaublich starke Selbstheilungskräfte verfügt. Wenn wir uns geliebt und glücklich fühlen, sind unsere Abwehrkräfte so stark, dass uns kaum ein Virus beeinflussen kann. Unser eigenes Vorstellungsvermögen, Heilungsbilder, Kräuter und natürliche Heilmittel, die wir sogar oft selber herstellen können, reichen in vielen Fällen aus, uns gesund zu erhalten oder zu heilen. Unser Glaube kann Berge versetzen und unsere Hände können Segen verbreiten.

Indem wir unseren Kranken Zeit und Ruhe geben, während sie im Bett liegen, indem wir sie mit geschenkter Zeit, besonderen Speisen und Getränken und hin und wieder einer kleinen Geschichte oder Fantasiereise verwöhnen, schaffen wir nicht nur Heilungsrituale, sondern Vertrauen in die eigene Kraft und Stärke und in die Macht der Liebe, die letztendlich sogar den vordergründigen Tod überdauert.

Allerdings sollten wir als Eltern auch darauf achten, das Kind mit seinen Wehwehchen nicht allzu stark zu belohnen. Es könnte dann so missverstanden werden, dass es sich lohnt, krank zu sein. Mama widmet sich dann mir ganz und ich kann mich vielleicht vor bevorstehenden Schwierigkeiten drücken. Gerade ängstliche

Eltern könnten auf diese Weise Krankheiten unbewusst unterstützen.

Heilende Worte

*Fünfblätterkraut
Leg ich auf die Haut.
(Hand vorsichtig auf die schmerzende Stelle legen)
Mal dann ein Herz,
(Mit den Fingern ein Herz auf die Körperstelle malen)
Weg ist der Schmerz.*

*Heile heile Kätzchen,
Das Kätzchen hat vier Tätzchen
Und einen langen Schwanz:
Morgen ist alles wieder ganz.*

Wegpusten und wegstreicheln

Erinnern Sie sich noch, wie man Ihnen früher auf die Wunde pustete? Der Schmerz ließ sofort nach. Aus der Schmerzforschung weiß man heute, dass Schmerz ein subjektives Erleben ist, das wir mit unserem Geist beeinflussen können. Durch einige Übung gelingt es auch chronisch Kranken, mit Schmerzen zu leben (vgl. hierzu das Buch von Besser-Sigmund: Sanfte Schmerztherapie). Kinder sind besonders empfänglich für kleine Rituale wie das Wegpusten des Schmerzes oder Ablenkung der Aufmerksamkeit vom Schmerz weg auf etwas Interessantes, z.B. durch eine Handpuppe oder eine kleine Geschichte.

Sanfte Massagen an Füßen, Bauch, Rücken oder Händen, die mit in Pflanzenöl gegebenem ätherischem Öl unterstützt werden können, wirken oft Wunder.

Auch Fußreflexzonen-Massage ist bei vielen Beschwerden nützlich. Mein ältester Sohn litt mit vier Jahren monatelang an eitrigem Schnupfen. Die Erzieherinnen in seinem Kindergarten bedrängten mich, ihm Polypen und Mandeln entfernen zu lassen. Ich lehnte das ab, aber der Schnupfen blieb. In den Sommerferien lernten wir in Dänemark eine Frau kennen, die ihn mit Fußreflexzonenmassage behandelte. Bei der Rückkehr nach Berlin war der Schnupfen verschwunden und ist in dieser Form nie wieder aufgetreten.

Der Clown am Krankenbett

> *Ach, lieber Doktor Pillermann,*
> *Sieh dir doch bloß mein Püppchen an,*
> *Drei Tage hat es nichts gegessen,*
> *Hat immer so stumm dagesessen,*
> *Die Arme hängen ihr wie tot,*
> *Sie will nicht einmal Zuckerbrot!*
> *Ach lieber Doktor, sag mir ehrlich,*
> *Ist diese Krankheit sehr gefährlich?*
> *Madam, Sie ängst'gen sich noch krank!*
> *Der Puls geht ruhig, Gott sei Dank!*
> *Doch darf sie nicht im Zimmer sitzen.*
> *Sie muss zu Bett, und tüchtig schwitzen,*
> *Drei Kiebitzeier gebt ihr ein,*
> *Dann wird es morgen besser sein!*

Ich sehe selber oft schrecklich besorgt aus, wenn meine Kinder von irgendeinem harmlosen Infekt geplagt werden. Deswegen gefällt mir Patch Adams so gut. Er ist Arzt, Amerikaner und Witzbold. Sogar in Flüchtlingslagern tritt er mit einer Clownsnase auf, und sein Heilungszentrum nennt sich »Gesundheit!«, weil das die Deutschen sagen, wenn jemand geniest hat.

Vielleicht haben Sie ja mehr Talent als ich, den Clown zu spielen.

Wäre es nicht ein beachtliches Ritual, von dem Ihre Kinder später erzählten: »Immer wenn ich krank war, kam meine Mama mit der Clownsnase ans Bett und machte so lange Faxen, bis ich vor Lachen fast ins Bett machte. Und dann ging es mir besser.«

Fantasiereisen für Kranke

»Gesund durch die Kraft der Vorstellung« ist nicht nur der Titel eines Buches, das Gerald Epstein, ein amerikanischer Arzt, geschrieben hat, sondern eine Tatsache, die schon vielfach belegt wurde.

Unsere inneren Bilder, Glaubenssätze und Überzeugungen haben einen großen Einfluss auf unsere Gesundheit. Fantasiereisen sind eine Art Gedankenreisen, mit denen Sie angenehme, stärkende Gedanken aktivieren und damit die Kräfte des Körpers positiv beeinflussen können.

Die folgenden Fantasiereisen können Bestandteil Ihrer persönlichen Heilungsrituale werden. Sie sind für Kinder und Erwachsene geeignet. Wenn Sie eigene Fantasiereisen für Ihre Kranken erfinden, sind diese besonders wirksam, wenn Sie die persönlichen Vorlieben dieses Menschen berücksichtigen und einbauen. Vielleicht hat Ihr Kind ja ein Lieblingstier, das ihm hilft, gesund zu werden, oder einen Helden, der in der Fantasie direkt aus dem Fernseher an sein Bett tritt. Dabei sind drei Schritte besonders wichtig:

Erstens sollte der Kranke für sich die Absicht haben, gesund zu werden. Dies geschieht zum Beispiel, indem er sich bewusst auf die Fantasiereise einlässt. Niemals darf sie ihm aufgezwungen werden.

Zweitens sollte der Kranke inneren Frieden herstellen. Ungeklärte Konflikte – auch im eigenen Inneren – verhindern die Genesung. Gespräche können helfen, Konflikte zu lösen (Konfliktlösungs-Ritual, s. S. 113).

Drittens sollte die Fantasiereise von einer Reinigung handeln, denn das symbolische oder tatsächliche Baden hilft unserem Körper, sich von physischem Schmutz und zerstörerischen, »schmutzigen« Gedanken zu befreien und dadurch die Heilung zu beschleunigen. Besonders geeignete Orte für symbolische Reinigungen sind Quellen, Wasserfälle oder klare Bergseen.

Lavendelzwerge
Lavendel ist eine äußerst heilsame Pflanze, die Bakterien und Viren tötet und außerdem beruhigt, Spannungskopfschmerzen löst und beim Einschlafen hilft. Wenn Sie Ihrem Kind ein einfaches Püppchen nähen, dessen Bauch mit Lavendel gefüllt ist, hat es Trost und Hilfe zugleich. (Die Firma Maass Naturwaren in 33278 Gütersloh verteibt solche Zwerge, die in einem gemeinnützigen Projekt hergestellt werden.)

Stell dir vor, dass du an einem ganz besonders schönen Ort bist. Du atmest die gesunde frische Luft ein, die es nur an diesem Ort gibt, und mit jedem Ausatmen lässt du all die verbrauchte und krankheitsbeladene Luft aus deinem Körper heraus, so dass du dich mit jedem Atemzug ein wenig gesünder und wohler fühlen kannst.

Und nun stell dir vor, dass in deinem Körper winzige Zwerge wirken, um deine Heilung voranzubringen ... Sie haben kleine, goldene Besen, mit denen sie überall in dir sauber machen und alle Krankheit herausfegen ... Sie haben auch kleine goldene Eimer, in denen sich das Wasser des Lebens befindet, das sie durch deine Adern spülen und das dich gesund und frisch

macht ... Leise und ruhig darfst du ihnen eine Weile bei der Arbeit zuschauen und vielleicht bemerkst du schon jetzt, wie deine Hände leichter oder schwerer, wärmer oder kälter werden und sich ein Wohlsein in dir ausbreitet ... Und wenn du magst, kannst du dich für Ihre Hilfe bedanken in dem Vertrauen, dass sie gute Arbeit leisten ... und nun kannst du selbst entscheiden, ob du du dich weiter entspannen und ausruhen möchtest oder wieder hierher zurückkehren, entspannt und wach.

An der Heilquelle

Manchmal, wenn es uns nicht so gut geht, haben wir die Möglichkeit, an eine Quelle zu gehen, die Krankheit und Schmerz von uns nehmen kann.

Stell dir vor, dass du auf einer wunderschönen, bunten Blumenwiese bist, über dir ein blauer Himmel ... spüre die frische, gesunde Luft, den Duft ... höre die besonderen Geräusche an diesem Ort und spüre das Gras unter deinen Füßen ... und nun hörst du es deutlich, ein Glucksen und Gluckern und du bemerkst einen kleinen Bach, dem du folgen möchtest ... Er führt dich zwischen hohen Bäumen hindurch zu einem besonderen Platz ... zu einer Quelle. Hier sprudelt das Wasser des Lebens, kristallklar ... und du bückst dich, um dieses Wasser zu trinken, das aus der Heilquelle für dich hervorsprudelt. Und du spürst, wie es dir mit jedem Schluck besser und besser geht und wie das heilende Wasser alles Störende und Schmerzende mit sich fortträgt ... und sich allmählich ein Gefühl von Gesundheit in dir ausbreite ... und du kannst dich dort an der Quelle ausruhen, dem Gemurmel des Wassers lauschen und einen erquickenden Schlaf haben ...

Der Fluss des Lebens (nach Epstein, bei Erkältung)

Mach es dir ganz bequem und schließe deine Augen ....Vielleicht kannst du früher oder später anfangen, auf deinen Atem zu achten, wie er kommt und geht ... ganz von allein ... stell dir vor, dass du mit jedem Ausatmen alle Gedanken und Sorgen einfach ausatmen kannst ... ja – so ist es gut ... und nun stell dir vor, dass deine Augen klar und leuchtend werden ... und nun stell dir vor, dass sich deine Augen nach innen kehren und zu zwei Flüssen werden, die durch die Nebenhöhlen in die Nasenhöhle und die Kehle fließen, wobei das Wasser alle Entzündungen und Verschleimungen wegschwemmt ... Die beiden Flüsse strömen durch deine Brust und deinen Bauch ... hinunter in deine Beine ... wo sie als schwarze oder graue Ströme austreten und in der Erde versickern ... Dein Atem strömt aus, schwarz von den Ausscheidungen, die er von unten heraufbringt. Spüre, wie die beiden Flüsse rhythmisch durch deinen Körper pulsieren und bemerke das Licht, das von oben in dich einströmt und durch Nebenhöhlen, Nase und Körper fließt, bis alles Gewebe wieder rosig und gesund ist ... und wenn du spürst, wie das heilende Licht dich durchströmt, atmest du noch einmal aus, öffnest die Augen und kommst wieder hierher, erfrischt und wach.

Kummerstein

Legen Sie sich einen Stoffsack an, in dem viele geschliffene Halbedelsteine oder andere schöne Steine liegen. Dieser Sack wird nur bei großem Kummer hervorgeholt, und das Kind darf sich einen Kummerstein aussuchen.

Liebeskummer

Liebeskummer muss jeder Mensch allein bewältigen. Die Trauer um den Verlust eines geliebten Menschen oder das Zurückgewiesenwerden ist gerade in der Pubertät besonders stark und kann manchmal zu ernsten Krisen führen. Dabei geht es zum einen um das Betrauern des Verlustes, zum anderen um die Wiederentdeckung eigener Schönheit, Stärke und Kraft.

Wenn Ihre Tochter oder Ihr Sohn ansprechbar ist, können Sie ihr oder ihm das folgende Ritual vorschlagen. Es hat jedoch keinen Sinn, in jemanden einzudringen und ihm Hilfe aufzudrängen. Den derzeit unnahbaren Menschen schickt man besser gute Gedanken und Schutzengel als Worte und Ratschläge.

Trauerritual

Suche dir ein Symbol, das für den geliebten Menschen steht. Setz dich jeden Tag mindestens einmal vor dieses Symbol und sage ihm alles, was du sagen möchtest, so als würde der Mensch selber vor dir stehen.

Wiederhole das so lange, bis du das Gefühl hast: Jetzt habe ich genug getrauert. Dann vergrabe das Symbol in der Erde, verbrenne es oder wirf es in einen Fluss …

Ich bin ein Kind des Universums

Pflücke oder kaufe dir jeden Tag eine Blume und stelle sie in eine Vase in dein Zimmer. Während du die Blumen betrachtest, lies dir den folgenden Text wieder und wieder durch:

»Ich bin ein Kind des Universums. Ich bin einzigartig wie mein Fingerabdruck und genau so gewollt. Ich bin schön und liebenswert und mit einzigartigen Begabun-

gen und Fähigkeiten ausgestattet. Ich liebe mich und ich bin liebenswert, wie alles, was mich umgibt. Ich lächle mir selber zu ...

Mögen ich selbst und alle Wesen wieder glücklich sein.«

Heilsame Geschichten

Jede Geschichte oder Erzählung kann heilsam sein. Sie bewirkt, dass in uns Bilder entstehen, die unser Unbewusstes heilsam beeinflussen. Es gibt viele Bücher mit therapeutischen Geschichten und Metaphern für Kinder und Erwachsene, die Menschen geholfen haben und immer noch helfen. Wenn ein Kind eine bestimmte Geschichte, Erzählung oder ein Märchen immer und immer wieder hören will, können wir sicher sein, dass es diese Geschichte für sich selbst als besonders heilsam erlebt.

Gertrud Kaufmann-Huber berichtet von einem Mädchen, das die biblische Geschichte von Jonas im Walfischbauch immer und immer wieder von der Großmutter erzählt bekam. Von den eigenen Eltern geschlagen und vernachlässigt, half ihr diese Geschichte, die dunklen Zeiten ihrer Kindheit zu überstehen. Sie ahnte, dass sie einst wie Jonas in ein schönes Land kommen würde.

Im Unterschied zum Fernsehen bewirken erzählte oder vorgelesene Geschichten und Märchen, dass wir eigene Bilder im Inneren erzeugen können. Diese Bilder passen genau zu uns und unseren möglichen Problemen. Sie regen unsere Selbstheilungskräfte an und geben uns »im Bauch« Lösungen, wo unser Kopf nicht mehr weiter weiß.

Gemeinsames Essen

Lirum, Larum, Löffelstiel,
Kleine Kinder essen viel,
Große müssen fasten.
Brot liegt im Kasten,
Butter liegt daneben.
Was für ein lustiges Leben!

Lirum, Larum, Leier,
Butter ist teuer,
Lirum, Larum, Löffelstiel,
Für zwei Groschen
Gibt's nicht viel.

Das gemeinsame Essen kann nicht nur Höhepunkt eines Rituals sein, sondern auch im Alltag als Bereicherung erlebt werden. Leider artet die gemeinsame Mahlzeit in vielen Familien zu Stress aus. Spätestens dann ist es Zeit, über neue Lösungen nachzudenken.

Meine Freundin Hanna lebt auf einem Demeter-Hof mit ihrer großen Familie, Pflegekindern und Praktikanten. An dem großen Tisch sitzen stets viele Menschen beisammen, und natürlich gibt es auch Konflikte.

Damit sich beim Essen alle wohl fühlen, hat Hanna eine Ecke des Tisches stets besonders geschmückt. Da liegt ein schönes Tuch, es brennt eine Kerze, und in einer Vase stehen Zweige oder Blumen der Jahreszeit. Ein passendes Symbol, z.B. zwei Äpfel, ein Bergkristall oder ein kleiner Delphin aus Holz, regen zum Nachdenken oder Besinnen an. Ich bin jedes Mal beeindruckt von der harmonisierenden Wirkung dieses Arrangements.

In meiner Kindheit wurde vor jeder Mahlzeit ein Gebet gesprochen. Weil ich als Jugendliche den Wert dieses

Rituals nicht geschätzt habe und auch mein Mann von einem Gebetszwang negativ beeinflusst war, haben wir diese Tradition in unserer Familie nicht am Leben erhalten und auch später nicht überzeugend einführen können. Stattdessen haben wir auf Anregung unseres Sohnes Till eingeführt, vor dem Beginn der Mahlzeit eine Weile gemeinsam zu schweigen.

Dieses Ritual empfinden wir alle als äußerst wohltuend, weil sich Stille ausbreitet und jeder von uns Gelegenheit hat, für sich selbst zu beten, Freude auf das Essen zu spüren oder einfach dankbar zu sein.

Manche Familien singen auch vor dem Essen gemeinsam ein Lied oder sagen einen Spruch auf. Was passt zu Ihnen am besten?

Die gemeinsame Mahlzeit ist auch in vielen Familien eine gute Gelegenheit, einander zuzuhören und Anteil zu nehmen an den Tagesereignissen der Familienmitglieder. Kleine Kinder können so lernen, nicht dazwischenzureden und dennoch gehört zu werden. Einander ausreden zu lassen und achtsam zuzuhören ist eine Tugend, die viele Erwachsene nicht beherrschen. Kinder müssen sie ganz gewiss lernen.

In größeren Familien oder in Familien mit Vielrednern und Schweigern kann man an die Mahlzeit einen Redekreis anschließen (vgl. S.112). Auf diese Weise ist es leichter, jedem Raum zu geben und Regeln einzuhalten.

Beachtenswert finde ich, dass gemeinsame Mahlzeiten nicht zu Zwangsritualen verkommen sollten, sondern eher Geschenke sind, die man einander freiwillig gibt. Kleine Kinder können in der Regel nicht sehr viel auf einmal essen und überhaupt ist es gesünder, mehrmals täglich wenig als wenige Male viel zu essen. Wenn die Satten dann lange still sitzen sollen, gibt es zuweilen Quengelei und Streit. In so einem Fall kann sich die Familie vielleicht darauf einigen, am Wochenende gemein-

sam zu essen und alltags die Kleinen vom Tisch aufstehen zu lassen oder sie am Tisch mit einem Bilderbuch oder Malsachen zu beschäftigen.

Eine mir bekannte Familie hat einmal in der Woche »Schweinetag«. Dann dürfen sich bei Tisch alle so benehmen, wie sie wollen. An den anderen Tagen werden die Tischsitten geachtet. Dieses Ritual finde ich deshalb so passend, weil es den Kindern ermöglicht, selber zu entdecken, was sie gut finden und freiwillig einhalten wollen. Und Dauerrülpsen wird dann auch bald langweilig.

Ich habe es immer wieder als hilfreich erlebt, sich über eigene Vorstellungen und Werte in Zusammenhang mit Essen auszutauschen und bewusst dazu zu stehen. In der Regel wachsen die Kinder dann ganz von selbst in eine familienspezifische Esskultur hinein.

Ein sehr nettes Ritual ist auch das Hissen einer »Essensfahne«. So bedeutet z.B. ein rotes Tuch, das sie aus dem Fenster hängen: Heute gibt es Spaghetti, ein grünes: Spinat, und ein gelbes: Eierkuchen. Hat Ihr Liebling einen harten Schultag gehabt, wird ihn die Fahne mit der Verkündung seines Lieblingsessens besonders freuen.

Ruhepausen und Stille-Rituale

Beachtet man den Rhythmus von Anspannung und Entspannung, erhält jeder Tag eine gelassene, heitere Note. Wer ihn leugnet oder unterdrückt, wird früher oder später die Folgen spüren. Kleine Ruhepausen, die wir als Ritual gestalten, geben uns Kraft für den Tag und Gelassenheit für unsere Konflikte und Probleme. Regelmäßige Stilleübungen helfen Kindern auch, ihr Selbstwertgefühl zu steigern und Ängste abzubauen. Wichtig ist, dass solche stillen Rituale stets freiwillig als Erlebnis zu gestalten sind. Zwang, Druck und Schimpfen können niemals Stille heraufbeschwören. Das Stillsein ist ein Erlebnis der Liebe, denn Liebe und Wachstum sind still. Wir können erfahren, dass wir uns in unserem eigenen Inneren wohl fühlen und Gottes Liebe nah sein können.

Wenn wir lernen, innezuhalten, können wir erkennen, dass wir gehalten sind.

Diese Erfahrung des Gehalten- und Getragenseins gibt uns Mut und schöpferische Kraft.

Kleine Kinder schlafen am Nachmittag, bis sie sich irgendwann dagegen wehren. Wenn dieses Ritual nicht zum Zwang wird, sondern Eltern dem Kind freistellen, zu schlafen, zu dösen oder sich still zu beschäftigen, wird dieser natürliche Rhythmus ganz von selbst beibehalten. Still beschäftigen bedeutet allerdings nicht, fernzusehen oder am Computer zu spielen, denn dabei kann sich niemand wirklich entspannen.

Eine Pause von 20 Minuten reicht oft schon aus, um sich wieder wohl zu fühlen.

Wenn Lisa mittags mit ihren Kindern gegessen hat, verzieht sich jeder in sein Zimmer. Das Telefon wird abgestellt und 30 Minuten lang darf niemand, auch nicht der dreijährige Philipp, seine Mutter stören. Bei einem Strandurlaub in Dänemark bastelte Lisa eine Sanduhr aus zwei Gläsern und einer Pappscheibe mit Loch, die genau dreißig Minuten benötigt, um durchzulaufen, so dass die Kinder selbst verfolgen können, wie die Zeit verrinnt.

Kathrin meditiert täglich zwanzig Minuten. Wenn sie auf ihrem Meditationskissen an ihrem speziellen Kraftort sitzt, wissen ihre Kinder, dass sie nichts zu erwarten

haben, legen sich leise in ihre Nähe oder beschäftigen sich selbst.

Herbert, der sein Büro zu Hause hat, widmet die Mittagszeit ganz seinen Kindern. Sie kuscheln sich zu dritt aufs Sofa und schauen zwei Bilderbücher an oder spielen das Bärenspiel. Dabei ist Herbert Vater Bär und Tim und Lars sind seine Bärenjungen. Es wird geknurrt, geknufft und gebrummt, herumgerangelt und schließlich geruht, denn bekanntlich halten Bären Winterschlaf.

Als ich klein war, durften mein jüngerer Bruder und ich nach dem Mittagessen zu unserem Vater unter eine karierte Wolldecke kriechen. Er las uns aus immer demselben dicken Buch ein Märchen vor. Anschließend lauschten wir gebannt seinem Schnarchen, alberten ein wenig herum oder schliefen selber ein.

Ganz ruhig und still waren wir auch, wenn er am Schreibtisch saß und seine Arbeiten erledigte. Wie junge Hunde lagen wir zu seinen Füßen oder spielten leise vor uns hin, denn an diesem heiligen Ort durfte man auf keinen Fall stören.

Wenn Ruhephasen als Ritual immer wieder und ganz sicher auf gleiche Weise stattfinden, muss man sich seine Ruhe nicht »erschimpfen«. Sie stellt sich ganz von selber ein.

Stille

Stille ist ein überaus kostbares Gut, das wir als Eltern neu entdecken und unseren Kindern vermitteln können. Wenn Sie Stille immer wieder auf die gleiche Art genießen, fällt es auch Ihren Kindern leicht, sich einzufügen.

Sagen Sie einen Vers auf und zünden Sie eine Kerze an und legen Sie immer wieder den gleichen Stille-Stein auf ein Tuch, um das Sie sich setzen.

Stille ist ein Segen
Jetzt will ich mich nicht regen
Stille ist ein Stein
So möchte ich jetzt sein.

Schließen Sie die Augen und lassen Sie sich überraschen, wie lange Sie gemeinsam still sein können.

Anschließend tauschen Sie sich über Ihre Stille-Erfahrungen aus.

Sonne, liebe Sonne

Unzählige Kinderverse sprechen von der lieben, guten Sonne. Kein Wunder, denn ohne sie gäbe es weder Leben noch Wärme auf unserem Planeten. Als lebenserhaltende, wärmende Kraft ist die Sonne in der christlichen Religion auch ein Symbol für Gott und Jesus, der sich selber als das Licht der Welt bezeichnete.

An langen dunklen Winterabenden oder an Regentagen können wir uns mit einer Sonnenmeditation selber aufhellen und erwärmen.

Bereiten Sie hierzu ein gelbes oder goldenes Tuch auf dem Boden aus und stellen Sie eine weiße oder gelbe Kerze darauf. Gelbe Blumen oder ein anderes Sonnensymbol helfen uns, auch an Regentagen dankbar für das Licht zu sein.

Setzen Sie sich – mit oder ohne Kinder – vor die gestaltete Mitte und betrachten Sie die Kerze. Wenn es für Sie an der Zeit ist, schließen Sie die Augen und stellen Sie sich vor, dass die Sonne in Ihrem Herzchakra, in der Mitte etwas oberhalb des Busens, leuchtet. Legen Sie Ihre beiden Handflächen an dieser Stelle übereinander und stellen Sie sich vor, wie die Sonne Sie wärmt und mit Ihrem strahlenden Glanz umgibt. Genießen Sie das Gefühl, die Sonne in sich zu tragen und von Ihrer le-

benserhaltenden Kraft erfüllt zu sein. Senden Sie diese Kraft zu allen, die Sie lieben, und in die ganze Welt.

Beenden Sie diese Meditation, wenn Sie es für angemessen halten, indem Sie die Augen öffnen, sich recken und strecken und wieder wach werden. Tauschen Sie sich, falls Ihre Kinder mitgemacht haben, anschließend darüber aus.

Klangschale

Klangschalen aus Tibet oder Nepal helfen, uns in eine ganz besondere Stimmung zu versetzen. Die besondere Legierung der Metalle bewirkt einen Klang, der unvergleichlich und unnachahmbar ist. Die Schwingungen der Töne wirken sich auf unseren Körper aus. Wenn Sie mit einem Holzklöppel vorsichtig an der Schale reiben, klingt der Ton anders, als wenn Sie darauf schlagen. In die Schale gegebenes Wasser verändert den Klang erneut. Wenn Sie mehrere Schalen haben, können Sie in der Familie ein Konzert veranstalten, bei dem alle mitwirken können. Eine einzelne Schale verändert die Stimmung auf geheimnisvolle Weise, zum Beispiel, wenn Sie am Abend ein Märchen vorlesen oder eine gemeinsame Meditation anstreben.

Ein besonderes Erlebnis ist es, sich eine Schale auf den Körper zu stellen und sie dort anzuschlagen. Die Töne vibrieren dann direkt in den Körper hinein.

Die singenden Schalen können uns helfen, die Tür zu unseren eigenen Innenräumen zu öffnen und wunderbare neue Rituale zu erfinden.

Die blaue Stunde

Blaugrau kraucht die Dämmerung
In unser kleines Haus.
Blaugrau sind die Wolken jetzt,
Blaugrau ist die Maus!
»Stille«, raunt ein kleiner Zwerg,
»Lasst uns leise sein,
Denn die Träume schlafen schon
Hinter einem Berg.«

Die Zeit der Dämmerung ist morgens und abends stets eine ganz besondere.

In ihrem Märchen »Im Land der Dämmerung« hat Astrid Lindgren etwas von dieser Stimmung festgehalten – ich habe es meinen Kindern sehr gern vorgelesen. Die Dämmerung eignet sich auch sehr gut für Meditationen oder Fantasiereisen. Welches kleine Ritual passt zu Ihrer Familie und zu Ihrer »blauen Stunde«? Ob Ruhephase oder Gesprächszeremonie bei Tee: die blaue Stunde hat etwas Besonderes, das Sie nur selber entdecken können.

Eine Familie aus meinem Bekanntenkreis hat ihr Abendritual durch den Kauf eines neuen Teppichs entwickelt. Nachdem die Eltern im Herbst einen wunderschönen handgewebten Wollteppich gekauft hatten, fanden sie ihre Kinder fast täglich darauf liegend vor. »Hier ist es so gemütlich!«, fanden sie. Der Vater legte dann eine ruhige Musik auf und gesellte sich dazu. Und so wurde ein Abendritual daraus: Die ganze Familie liegt auf dem Teppich, hört die Musik und genießt.

Abendrituale

Am Abend

*Sinkt der Tag
in Abendgluten,
schwimmt das Tal
in Nebelfluten.*

*Heimlich
aus der Himmelsferne
blinken schon
die goldnen Sterne.*

*Flieg zum Nest
und schwimm zum Hafen!
Gute Nacht!
Die Welt will schlafen!*

Theodor Fontane

Von vielen Frauen und von mir selbst weiß ich, dass ich am Abend gern alles Wichtige für den kommenden Tag vorbereite. Das vermittelt ein gutes Gefühl und sorgt dafür, den nächsten Tag in Ruhe beginnen zu können. Ich motiviere meine Kinder, ihre Schultaschen zu packen und sich Anziehsachen für den nächsten Tag herauszulegen. Wir besprechen gemeinsam, was am nächsten Tag »dran« ist und üben gegebenenfalls noch einmal ein Diktat oder unregelmäßige Verben. Ich erinnere sie an Dienste und gebe meine Unterschrift für geleistete Arbeit. Wir überlegen, was es am nächsten Tag zu essen geben könnte. Wir kommen vielleicht noch einmal

auf das zu sprechen, was heute wichtig und gut war. Und manchmal gibt es auch etwas zu beklagen. Meine Tochter füllt die Wasserflaschen ihrer zahlreichen Tiere am Abend frisch auf. Wir machen gemeinsam einen langen Spaziergang mit unseren Hunden.

Wenn alle Kinder im Bett sind, setze ich mich mit meinem Mann und einer Kerze zusammen. Wir besprechen Banalitäten und wichtige Tagesereignisse. Wir helfen uns gegenseitig, Probleme, die uns am Tag beschäftigt haben, loszulassen.

Nun – nicht jeder Abend verläuft gleich. Und manchmal bin ich gar nicht zu Hause. Ein Ritual gibt es aber immer: Ich überdenke, was heute war, und ich bereite mich auf das Morgen vor. So bedingen Abschied und Neuanfang einander und meine Ängste werden immer geringer.

Ins-Bett-Geh-Rituale

Schlaf, Kindchen, schlaf,
Dein Vater hütet die Schaf,
Deine Mutter schüttelt´s Bäumelein,
Da fällt herab ein Träumelein,
Schlaf, Kindchen, schlaf.

Schlaf, Kindchen, schlaf,
Ich schenke dir ein Schaf,
Mit einer goldnen Schelle fein,
Das soll dein Spielgeselle sein,
Schlaf,Kindchen, schlaf.

Schlaf, Kindchen, Schlaf,
Da draußen steht ein Schaf,

Ein Schaf und eine bunte Kuh,
Mein Kindchen, mach die Augen zu,
Schlaf, Kindchen, schlaf.

Manche Mütter beklagen, dass es abends »Theater« gibt und die lieben Kleinen noch einmal ordentlich aufdrehen, wo sie doch eigentlich schlafen sollen. Ja, in manchen Familien hat sich ein regelrechtes Kampf-Ritual herausgebildet, das vielleicht noch gar nicht beachtet wurde und heißt: »Ich will aber nicht ins Bett!« Wenn es bei Ihnen jeden Abend Zoff gibt, ist das ein Ritual. Nur leider ist es nicht nützlich.

Auch Sie können es schaffen, das Ins-Bett-Gehen ruhiger und friedlicher verlaufen zu lassen, wenn Sie Folgendes beachten:

Kinder unter drei können noch nicht selber bestimmen, wie und wann sie ins Bett gehören. Bei genauer Beobachtung Ihres Kindes bemerken Sie seine Müdigkeit am besten und leiten dann das Ritual ein, das Sie nach den Vorlieben Ihres Kindes gestalten. Zum Beispiel können Sie mit einer kleinen Geschichte beginnen, die von einem Lämmchen oder einem Zwerg handelt, der am Tag viel gespielt hat und dann müde wurde, so schrecklich müde, dass ... Sie können Ihr Kind dann auf den Arm nehmen und ihm am Fenster zeigen, dass es Abend wird, dass die Vögel schon alle im Nest sind etc. (Das geht natürlich nicht an den langen Sommerabenden, wenn die Mauersegler bis in die Dämmerung herumfliegen!) Zeigen oder erzählen Sie von Frau Sonne, die nun nach Afrika wandert, um dort für die Kinder zu scheinen, vom guten Mond, der sich jetzt bald blicken lässt, und von den vielen Sternen da oben ... Erzählen Sie beim Zähneputzen und Waschen wieder von einem Tierkind, das von Mutter oder Vater die Zähne geputzt bekam und ... Wenn

Sie Ihren Sohn oder Ihre Tochter dann ins Bett getragen haben, wobei Sie ruhig die Bärenmutter sein können, die Ihr Junges in die Höhle zum Schlafen trägt, erzählen Sie die Geschichte, die vorhin begonnen wurde, weiter: »...das Lämmchen spürte, wie weich und gemütlich warm das Lager war, das seine Mutter für es bereitet hatte, und es fühlte die angenehme Wärme und Schwere in diesem Nest. Dann sah es den Mond, der zum Fenster hereinschaute und dem Kind zuwinkte: ›Schlaf gut‹, sprach der gute alte Mond, ›und träum etwas Schönes.‹«

> *Abends,*
> *wenn ich schlafen geh,*
> *vierzehn Engel bei mir stehn,*
> *zwei zu meiner Rechten,*
> *zwei zu meiner Linken,*
> *zwei zu meinen Häupten,*
> *zwei zu meinen Füßen,*
> *zwei, die mich decken,*
> *zwei, die mich wecken,*
> *zwei, die mich weisen*
> *in das himmlische Paradeisen.*

Beim Ins-Bett-Geh-Ritual müssen Anfang und Ende genau festgelegt sein. Sie gehen nun aus dem Zimmer und lassen die Tür offen oder ein kleines Licht an, ziehen eine Spieluhr auf oder singen noch Schlaflieder – je nachdem, wie Ihr Kind das gewohnt ist. Nach meinen Erfahrungen ist es sehr wohltuend, sich bis zum Einschlafen zu Ihrem Kleinkind zu legen. In beiden Fällen wird nicht mehr gesprochen und nichts mehr geholt oder getan. Ende ist Ende.

Manche Kinder fangen jetzt an, im Bett zu erzählen, zu singen oder auch unbegründet zu weinen. Lassen Sie das einfach geschehen. Sie verabschieden sich auf diese

Weise vom Tag. Wenn Sie darauf eingehen, nimmt das Ritual einen anderen Verlauf und das Immer-wieder-zum-Kind-Gehen gehört auf einmal dazu. Es muss dann jeden Abend geschehen. Und das wollen Sie doch nicht, oder?

Schlafe, liebe Kleine,
Draußen schlägt es neune,
Neune ist die Schlummerzeit
Für die Kleinen weit und breit,
Eia puleia.

Alle Leute sagen:
Holt meinem Kind einen Wagen,
Fahrt es in den Wald hinein
Zu den schönen Vögelein,
Eia puleia.

Ältere Kinder ab ungefähr vier Jahren haben selber Wünsche und Vorstellungen. Sie möchten wahrscheinlich etwas vorgelesen bekommen, ganz bestimmte Schlaflieder hören, ein Gebet sprechen, ein Glas Wasser am Bett haben – was auch immer. Lassen Sie sich ruhig darauf ein. Legen Sie aber von sich aus die Grenze fest: »Wenn ich ›Der Mond ist aufgegangen‹ gesungen habe, ist Schluss«, oder: »Nach 20 Uhr ist für mich Feierabend. Dann gehört die Zeit mir.«

Sollte Ihr Kind danach noch einmal aufstehen und Sie stören, ignorieren Sie das, gehen Sie nicht mehr auf Wünsche ein, bleiben Sie hart, wenn Sie künftig abends keinen Ärger haben wollen. Ich habe meinen Kindern immer erlaubt, eine kleine Lampe am Bett anzuhaben, solange sie wollten, und sie durften, wenn sie nicht einschlafen konnten, auch Bücher ansehen oder mit Kuscheltieren spielen. Wichtig war mir, abends Zeit für

mich zu haben und nach einem Schlusspunkt wirklich nichts mehr zu tun.

Vielleicht sagen Sie jetzt: Mit einem Kind mag das ja so gehen. Aber wie mache ich es, wenn ich zwei oder drei Kinder habe?

Ich will nicht behaupten, dass ich abends nie angestrengt war, aber Probleme mit dem Ins-Bett-Gehen gab es bei meinen vier Kindern wirklich selten. Es hat sich von selbst so ergeben, sie in »die Größeren« und »die Kleineren« aufzuteilen, und es gab zeitweise zwei unterschiedliche Gutenacht-Geschichten. Nach meinen Erfahrungen ist es jedoch nicht dramatisch, wenn Kleinere eine Geschichte für Größere hören – sie verstehen dann eben noch nicht so viel, finden es aber trotzdem schön, dabei sein zu dürfen.

Auch gingen alle gleichzeitig ins Bett. Die Großen konnten dann noch lange allein lesen oder leise spielen, während die Kleinen schon schliefen. Ich selber konnte eine Zeit lang am besten mittags schlafen, wenn meine Tochter nebenbei spielte und dabei vor sich hin murmelte. Eine gute, freundliche Atmosphäre ist nach meinen Erfahrungen ein besseres Schlafmittel als absolute Ruhe, die erzwungen wird.

Schlaf, mein kleines Mäuschen,
Schlaf bis morgen früh,
Bis der Hahn im Häuschen
Kräht sein Kikeriki.

Ich wünsche eine gute Nacht,
Schlafe sacht.
Mögen Rosen dich begleiten,
Wenn du gehst in Himmels Weiten,
Wenn du gehst in Traumesland,
Fühle meine liebe Hand.

Ich wünsch dir einen guten Schlaf,
Ruhe brav.
Mögen Engel dich begleiten,
Wenn du gehst in Gottes Weiten,
Wenn du gehst ins Wolkenland
Wohl bekannt.

Wiegenlied

Singet leise, leise, leise,
Singt ein flüsternd Wiegenlied,
Von dem Monde lernt die Weise,
Der so still am Himmel zieht.

Singt ein Lied so süß gelinde,
Wie die Quellen auf den Kieseln,
Wie die Bienen um die Linde
Summen, murmeln, flüstern, rieseln.

Clemens Brentano

*Nützliche Rituale
für verschiedene
Gelegenheiten*

Jahreszeiten bewusst wahrnehmen und erleben

Es war eine Mutter,
Die hatte vier Kinder:
Den Frühling, den Sommer,
Den Herbst und den Winter.

Der Frühling bringt Blumen,
Der Sommer den Klee,
Der Herbst der bringt Trauben,
Der Winter den Schnee.

In der Stadt, in Autos und Kaufhäusern mit Klimaanlagen, fällt es schwer, die verschiedenen Jahreszeiten wahrzunehmen. Wenn wir uns aber mit unseren Kindern in die Natur begeben, werden wir ganz neue Erfahrungen machen und täglich Gelegenheit zu Naturbeobachtungen haben. Der tägliche Gang zum Spielplatz, der »Ausflug« durch den Park, das Beobachten eines Gartens oder Waldes hilft uns, immer Neues zu entdecken und dem Kreislauf der Natur zu folgen.

Aus den Waldorfkindergärten kommt der Brauch, Jahreszeitentische zu gestalten. Obwohl meine Kinder nie einen solchen Kindergarten besucht haben, übernehme ich selbst für mich gern dieses Ritual. Ja, ich mache aus der Gestaltung eines solchen Tisches ein Ritual für mich, das dann wiederum auf meine Familie zurückwirkt. Es beginnt mit der Frage, welche Farbe ich für den derzeitigen Monat als passend empfinde. So wähle ich das Seidentuch aus, das die Grundlage bildet. Auf Spaziergängen und durch die Beobachtung meines Gartens erhalte ich Geschenke, die ich auf diesen Tisch lege und hinterher – und sei es als Kompost – an ihren Ort zurückbringe. Borkenstücke und Wurzeln, Steine, Pflanzen, Schneckenhäuser, Federn, Blüten, Früchte, Zweige ... Manchmal stelle ich auch Holztiere oder Figuren als Symbol dazu. Dieses bewusste Wahrnehmen und Wertschätzen der natürlichen Vorgänge draußen, die in einen großen Kreislauf eingebettet sind, erlebe ich als ein wunderbares Geschenk.

Januar, Februar, März, April
Hock in der Stube, wer da will.
Mai, Juni, Juli, August,
Draußen gibt es Freude und Lust.
September, Oktober,
Es schüttelt der Wind
Die reifen Äpfel
Für unser Kind.
November, Dezember,
Nun stille und fein,
Bald kommt das liebe
Christkindelein.

Frühlingsrituale

Alle Wiesen sind grün,
Die Blumen, die blühn,
Alle Vögelein singen.
Im schattigen Raum
Unterm blühenden Baum
Lasst uns tanzen und springen!
Unsere Herzen, die klingen.

Etwas Grünes braucht der Mensch

Irgendwann im März befällt mich die Pflanzlust. Und davon werden alle angesteckt. Was pflanzen wir dieses Jahr? Wir setzen uns zusammen und beratschlagen. Ich will Rosen, die Kinder wollen Himbeeren, mein Mann einen Walnussbaum. Wir besprechen das Für und Wider, den besten Platz, den besten Boden. Und dann fahren wir los. In der Baumschule darf sich jeder etwas aussuchen. Anschließend verbringen wir den ganzen Nachmittag im Garten.

Und hinterher gibt es immer Kartoffelsuppe, die ich schon am Vorabend gekocht habe.

Das Samengeschenk

Im Frühling, genauer, wenn die Luft anfängt, nach Frühling zu riechen, kaufe ich Samentüten, die ich in einen besonders schönen Korb lege und in meine Praxis stelle. Manche meiner Klienten beachten den Korb gar nicht, andere reagieren mit Freude oder sogar Begeisterung.

Wenn in dieser Zeit Menschen zu mir kommen, die besonders verzweifelt sind oder denen ich etwas schenken möchte, dürfen sie sich eine Tüte aussuchen. Natürlich auch die Kinder.

Wenn sie mit ihrem Tütchen nach Hause fahren, haben sie die Verantwortung dafür – so wie auch jeder Mensch die Verantwortung für sein Leben hat. Sie können bestimmen, wo nun etwas wachsen soll, und beobachten, wie aus den winzigen Körnchen Pflanzen werden, die bei richtiger Pflege zu saftigen Möhren, knackigen Radieschen oder bezaubernden Sommerblumen werden.

Liebe Sonne, scheine wieder,
Schein die dunklen Wolken nieder!
Komm mit deinem goldnen Strahl
Wieder über Berg und Tal.
Trockne ab auf allen Wegen
Überall den alten Regen!
Liebe Sonne, lass dich sehn,
Dass wir können spielen gehn.

Anja geht mit ihrer Tochter Li in jedem Frühling in den Krötenwald. Hier paaren sich die Kröten zu Hunderten, und es ist ein packendes Schauspiel, das zu beobachten. Erst wenn die beiden dort waren, ist es wirklich Frühling.

Bei Ihnen gibt es vielleicht keinen Krötenwald? Aber vielleicht können Sie irgendwo die erste Sumpfdotterblume entdecken, die erste Amsel hören oder einfach mit Gummistiefeln über eine überschwemmte Wiese spazieren. Immer im Frühling.

Für meine Bekannte Vera und ihre Kinder beginnt der Frühling mit einem Eis. »Unsere italienische Eisdiele öffnet immer im Februar wieder. Eigentlich ist es da noch kalt, aber für uns fängt dann der Frühling an«, erzählt Vera. »Ich gehe mit meinen Kindern rüber und unsere italienischen Freunde begrüßen uns fast wie Familienangehörige. Die Kinder bekommen jedes eine Kugel gratis und ich kaufe mir eine Schlemmerwaffel. Ob Schnee liegt oder nicht – an diesem Tag haben wir immer gute Laune und für uns fängt dann der Frühling an.«

Sommerrituale

*Im Sommer, im Sommer
Da ist die schönste Zeit,
Da freun sich all die jungen
Und auch die alten Leut.*

*Drei Rosen im Garten,
Drei Lilien im Feld,
Im Sommer ist's lustig,
Im Winter gibt's Kält.*

Sabine und Peter haben schon seit Jahren ein Sommerritual, das sie auf keinen Fall missen möchten. Sie fahren auf das Erdbeerfeld in Barg und pflücken drei Körbe voll. Die Kinder stopfen sich den Mund mit Erdbeeren, helfen aber auch tüchtig pflücken. Nachmittags gibt es dann Erdbeertorte mit Sahne, und abends kochen die beiden gemeinsam Erdbeermarmelade. Das geht jetzt schon seit fünf Jahren so. Und über ist es ihnen noch nicht geworden. Im Gegenteil. In diesem Jahr soll noch ein Erdbeerfest stattfinden, zum fünften Geburtstag ihrer Tochter.

Mein Bekannter Klaus erzählt, dass für ihn die Schafschur das wichtige Sommerritual ist:

»Wir fahren jetzt schon das sechste Jahr immer an den gleichen Ort in Nordfriesland«, berichtet er. »Die Kinder sind dort wie zu Hause und Anke und ich haben unsere Ruhe. Ein ganz besonderes Sommererlebnis ist jedes Jahr die Schafschur. Der Bauer, bei dem wir wohnen, sagt uns rechtzeitig Bescheid. Wir stehen dann alle da und gucken fasziniert zu. Zuerst werden die Schafe in einen bestimmten Bereich getrieben. Das erledigen zwei Hunde, Boarded Collies. Allein diese Hunde bei ihrer Arbeit zu beobachten, ist ein Erlebnis. Dann greift sich der Scherer ein Schaf nach dem anderen und klemmt es sich zwischen die Beine. Das Schaf blökt und wird – vom Kopf beginnend –, regelrecht aus der Wolle geschält. Das Flies bleibt wie ein Mantel liegen. Wir dürfen es anfassen. Jedes Jahr staunen wir erneut und riechen ganz fasziniert den Duft dieser Tiere. Die nackten Schafe, die sich durchaus erleichtert fühlen, werden auf eine andere Weide entlassen. Wir bekommen jedes Jahr Wolle geschenkt. Jedes Schaf hat eine andere Farbe, das variiert von weiß bis schwarz, alle Schattierungen. Ehrlich – ein Sommer ohne Schafschur – da würde mir was fehlen.«

Für Nina ist das gemeinsame Sommerfest der Familie das wichtige Ereignis im Sommer. »Unsere Oma hat eine Laube und da feiern wir jeden Sommer ein Fest«, erzählt sie. »Immer am ersten Vollmondwochenende, wenn das geht. Keiner in unserer Familie hat im Sommer Geburtstag, deshalb schaffen wir uns selbst einen Anlass. Mit Kindern und Erwachsenen. Wir schmücken den Garten mit Lampions, kochen und backen am Tag zuvor etwas ganz Tolles und bereiten ein paar Spiele für die Kinder vor. Wasserstaffeln zum Beispiel, wo es darum geht, einen Eimer leerzuschippen, oder Schokokusswettessen. Wir haben auch alte Fenster, die mit Farbe bemalt werden dürfen. Viele Spiele erfinden die Kinder aber selbst. Das ist einfach schön – Erwachsene und Kinder zusammen, essen, plaudern, spielen.«

Rosen blühn, Rosen blühn,
Drei an einem Stängel.
Liebes Lieschen,
Du bist schön,
Schöner als ein Engel.

Herbstrituale

Im Herbst wird das Obst geerntet. Viele Felder liegen jetzt brach. Stoppelfelder laden dazu ein, Drachen steigen zu lassen.

Apfelmustag

Gudrun geht im Oktober mit ihren Kindern zu einem befreundeten Ehepaar in den Garten. Der riesige Apfelbaum lädt dann ein, seine Äpfel abzuschütteln oder zu pflücken. Jeder hilft auf seine Weise mit. Wer klettern kann, klettert, die anderen sammeln auf oder pflücken die niedrigen Zweige ab.

Am nächsten oder übernächsten Tag findet dann das traditionelle Apfelmuskochen statt. Die Äpfel werden gewaschen, klein geschnitten, gekocht und durch ein Sieb gestrichen. Auch hierbei helfen alle mit. Das Apfelmus wird in Gläser gefüllt, luftdicht verschlossen und aufbewahrt. So können die Kinder das ganze Jahr über Eierkuchen mit Apfelmus essen. Aber nicht nur das. Sie können auch stolz ihren Freunden erzählen, wie das Apfelmus ins Glas kam und warum es so besonders gut schmeckt.

Drachenfestival

Tim und sein Vater lassen begeistert Drachen steigen. Einmal im Jahr fahren sie nach Römö zum Drachenfestival. Das ist ein ganz besonderes Ereignis für die beiden. Sie fahren morgens in aller Frühe los, frühstücken unterwegs im Auto und bewundern dann Stunden später die Drachen aus aller Welt, die am Strand fliegen. So erhalten sie neue Ideen für ihre eigene Drachenwerkstatt, haben einmal ganz viel Zeit füreinander und Freude an ihrem gemeinsamen Hobby.

Kürbisse

Flugzeuge bringen Gemüse aus aller Welt zu jeder Jahreszeit zu uns. Aber Kürbisse gibt es nur im Herbst. Deshalb kaufen wir in jedem Jahr einen Riesenkürbis und höhlen ihn aus. Dann gibt es Kürbissuppe. Dazu kratzen wir gemeinsam das Innere heraus. Die Kerne legen wir zum Trocknen beiseite, das weiche Fleisch wird in Würfel geschnitten, mit Zwiebeln angebraten, mit Wasser aufgekocht und dann püriert. Salz, Muskat und Sahne runden den Geschmack ab. In den hohlen Kürbis wird ein Gesicht geschnitten und eine Kerze hineingestellt. So steht er dann vor der Haustür, um uns zu leuchten.

Laternenfest s. S. 188

Winterrituale

> *Der Winter steht am Tore,*
> *Hallo! Was bringt er an?*
> *Schneemänner und Schneeballen,*
> *Die schönste Schlitterbahn.*
>
> *Bringt warme Dämmerstunden,*
> *Manch schönen Märchentraum,*
> *Bratäpfel, Honigkuchen*
> *Und einen Lichterbaum.*
>
> *Ei, das sind feine Sachen,*
> *Herr Winter, komm nur rein!*
> *Ihr werdet unsern Kindern*
> *Gar hochwillkommen sein.*

Schlittschuh laufen

Sowie es friert, holen Hans und Gabriele ihre Schlittschuhe hervor. Es dauert dann noch ein paar Tage, aber endlich trägt die Eisdecke, und die ganze Familie geht Schlittschuh laufen. An warmen Wintertagen muss die örtliche Eishalle die überfrorenen Wiesen ersetzen.

Gemütlichkeit

»Winter bedeutet für mich Gemütlichkeit«, erzählt Monika. »Wir machen den Ofen an – das ist schon mal ein Fest. Ins Feuer gucken, diesen besonderen Geruch wahrnehmen. Außerdem gibt es heiße Getränke. Ich liebe Holunderpunsch oder probiere neue Teesorten aus. Ich backe auch für mein Leben gern. Und im Winter schmeckt alles viel besser. Warmer Apfelstrudel zum Beispiel oder Waffeln mit heißen Himbeeren ... meine Kinder lieben das genauso wie ich. Manchmal halten wir uns den ganzen Samstag in der Küche auf, kneten, formen, backen ...«

Redekreis

Dieses Ritual ist für größere Familien, Gemeinschaften und Gruppen geeignet und kommt aus der Tradition amerikanischer Ureinwohner. Es fördert den Zusammenhalt der Gemeinschaft und schafft Raum, sich über allgemeine Fragen, aber auch über Probleme regelmäßig auszutauschen.

Die Gesprächsteilnehmer sitzen im Kreis und schweigen zuerst eine Weile oder sprechen ein Gebet, um die

rechte Konzentration, Offenheit, Wahrhaftigkeit und das Verständnis für die anderen als Ziel zu verinnerlichen. Einer der Teilnehmer hält in der Hand einen Stab oder Stein und eröffnet das Gespräch. Anschließend gibt er den Stab oder Stein nach links weiter. Da immer nur der redet, der den Stab hält, werden Wortgefechte und Duelle verhindert, und jeder kommt dran. Vielredner müssen sich zurückhalten, und jeder Schweiger erhält eine Chance. Im Kreis sind alle gleich, niemand ist ausgeschlossen. Durch das Kreisen des Stabes wird deutlich: Es gibt immer wieder einen Neuanfang, immer wieder Möglichkeiten.

Familienkonferenz

Die so genannte Familienkonferenz (nach Thomas Gordon) eignet sich für alle Familien und dient insbesondere zur Lösung von aufgetretenen Problemen.

Die Familienmitglieder sitzen am Tisch, und jedes schildert das Problem aus seiner Sicht. Dabei sind Ich-Botschaften, d.h. das ausschließliche Sprechen von sich selbst und in der Ich-Form, besonders wichtig. Auf diese Weise werden Vorwürfe und Anklagen vermieden. Anschließend werden die Lösungsvorschläge gesammelt, möglichst schriftlich. Wichtig ist, diese Vorschläge nicht zu bewerten, sondern lediglich kommentarlos zu notieren. Erst wenn alle Lösungen festgehalten sind, werden die Vorschläge ausgewählt, welche die meisten Mitglieder interessant finden und für erprobenswert halten. Schließlich einigt man sich auf einen Lösungsvorschlag, der für einen festgelegten Zeitraum erprobt wird. Dabei sollte immer ein Konsens hergestellt werden. Mehrheitsbeschlüsse sind in Familien nur selten sinnvoll. Die Erprobungszeit wird an den Tag bringen, ob der Vorschlag geeignet war oder nicht. In diesem Fall beginnt die Prozedur von Neuem.

Zukunftswerkstatt

Die Zukunftswerkstatt, entwickelt von Robert Jungk, ist eine sehr kreative Form der Planung. Sie wurde ursprünglich für politische Gruppen und Gemeinden entwickelt und diente der Förderung der Basisdemokratie. Nach meinen Erfahrungen eignet sie sich aber auch sehr gut für Familien und Paare. Die Methode ist geeignet für alle Arten der Planung und Veränderung. Und da sie auf immer gleiche Weise abläuft, hat sie die Form eines Rituals.

Nehmen wir einmal an, Sie sind mit der Aufteilung Ihrer Wohnung unzufrieden und wollen diese verändern.

Kritikphase

Alle Beteiligten schreiben jetzt auf ein großes Blatt, was ihnen an der derzeitigen Wohnung bzw. Aufteilung nicht gefällt. Kleinen Kindern wird dabei geholfen. Die schriftliche Form ist jedoch sehr wichtig, damit jeder sich unabhängig vom anderen äußern kann, Beeinflussung und Vielreden vermieden werden.

Sind alle Kritikpunkte aufgeschrieben und gesammelt, klebt jeder eine vorher festgelegte Anzahl von Markierungspunkten hinter die Kritikpunkte, die er selber am liebsten behandelt hätte bzw. die ihm am wichtigsten erscheinen.

Die Kritik, die am meisten Punkte bekommen hat, kommt zuerst daran.

Phantasiephase

Die gewählte Kritik wird positiv umformuliert. Hat zum Beispiel der Satz: »Der Flur sieht immer so unordentlich aus«, die meisten Punkte bekommen, wird er umformuliert. »Wir gestalten den Flur hell, freundlich und ordentlich.«

Jetzt ist die Phantasie der Teilnehmer gefragt. Jeder malt jetzt ein Bild oder gestaltet z.B. mit einem Schuhkarton ein Modell, wie der Flur nach seiner Vorstellung auszusehen hätte. Utopien sind gefragt – Geld und Realisierbarkeit spielen noch keine Rolle. Das ist ganz wichtig, damit jeder wirklich seine Träume und kühnste Phantasien ausdrückt. Hierfür brauchen die Teilnehmer natürlich Zeit, und manchmal empfiehlt es sich, sich erst am nächsten Tag wieder zusammenzufinden. Jetzt werden die Modelle wieder mit Markierungspunkten bewertet. Dabei geht es noch nicht um Realisierbarkeit, sondern nur um Gefallen und Zustimmung.

Realisierungsphase

Jetzt kommt Realität ins Spiel. Wie lässt sich der Traum erfüllen? Gibt es irgendwo so etwas schon? Wo und wie kann man sich informieren? Wie ist das Modell finanzierbar? Wer übernimmt was? Wann trifft man sich erneut, um die Informationen auszutauschen? Was sind die nächsten Schritte?

In der Realisierungsphase geht es darum, Informationen einzuholen, Verantwortung zu übernehmen und aktiv zu werden.

Eintritt in den Kindergarten

Wahrscheinlich kennt Ihr Kind den Kindergarten schon und hat mit Ihnen gemeinsam schon eine Zeit dort verbracht. Vielleicht kennt es auch schon einige Kinder aus einer Spiel- oder Krabbelgruppe und hat ein paar Worte mit der Erzieherin gewechselt. Trotzdem ist der erste Tag im Kindergarten etwas ganz Besonderes, wahrscheinlich auch der erste Abschied zwischen Mutter oder Vater und Kind. Es tut gut, sich Wochen vorher mit dem Thema zu beschäftigen, aus der Bücherei Bilderbücher zu dem Thema zu besorgen und über eigene Ängste zu reden. Besonders ältesten Kindern, die noch kleine Geschwister haben, die zu Hause sind, oder »Nesthäkchen« fällt es schwer, sich auf die neue Situation einzulassen. Wer weiß, was sie sich für Phantasien machen, z.B. dass Mama die kleinen Geschwister in der eigenen Abwesenheit total verwöhnt oder dass Mama entsetzlich traurig und allein ist, wenn ihr kleiner Liebling mit anderen Kindern spielt. Günstig ist oft, wenn der Vater, der ja auch täglich zur Arbeit geht, das Kind mitnimmt und hinbringt wie einen »Kumpel«, und meistens weinen die Kleinen, wenn sie vom Vater gebracht werden, kaum beim Abschied.

Sie sollten den ersten Tag daher genau planen und Ihrem Kind seine neuen Sachen, die es für den Kindergarten bekommt – z.B. eine Brotdose, eine Trinkflasche oder eine Umhängetasche – erst am Morgen dieses Tages geben. Sie könnten Ihr Kind auch mit besonderen Worten wecken: »Guten Morgen, mein großer Junge!«, oder »Hallo, Kindergartenkind!«, und seinen Frühstücksplatz besonders hervorheben – vielleicht mit einer Gänseblümchengirlande oder einem besonderen Trinkbecher. Im weiteren Verlauf des Morgens ist dann wichtig,

dass Sie selber alle Handlungen klar und sicher ausführen – so, wie sie es zuvor auch besprochen haben. »Nach dem Frühstück ziehst du dich an und wir gehen los ...« Ihr Kind wartet nur auf Ihre eigene Unsicherheit, um dann den Abschied hinauszuzögern oder zu verhindern.

Indem es erlebt, dass Sie ihm den Abschied zutrauen und ihn selber auch verkraften, ja, ganz selbstverständlich nehmen, fühlt es sich sicher und aufgewertet als »großes Kind«. Noch an diesem Tag wird es erleben, dass Sie es zuverlässig wie vereinbart abholen – und ein wichtiger Schritt ist getan.

Gemeinsam mit dem Papa darf dann das Ereignis ruhig gefeiert werden – vielleicht kochen Sie am Abend das Lieblingsessen Ihres Kindes, kaufen Sie eine Torte oder gehen Pizza essen – ohne die kleinen Geschwister.

Hurra – ich bin ein Schulkind

Rote Kirschen ess ich gern,
Schwarze noch viel lieber,
In die Schule geh ich gern,
Alle Tage wieder.

Es gibt eine ganze Reihe von Traditionen und Ritualen, die den Schulanfang begleiten und es Eltern und Kind erleichtern, diesen Schritt bewusst zu gehen.

So ist es in vielen Kindergärten üblich, den Vorklassenkindern die Schule zu zeigen, und vielleicht lernen sie sogar ihre Lehrerin kennen. Oft bekommen sie von ihr einen Brief, in dem sie begrüßt und willkommen geheißen werden.

Eltern kaufen mit ihren Kindern gemeinsam eine Schultasche und eine Federtasche, manchmal auch schon die Dinge, die später gebraucht werden, wie Schere, Tuschkasten, Stifte etc.

Die Schultüte sollte eine Überraschung sein, die Eltern für ihr Kind vorbereiten und natürlich erst am Tag der Einschulung überreichen. Dann werden Fotos gemacht, und Eltern und Verwandte begleiten das Kind an seinem ersten Tag zur Schule. Oft geht ein Einschulungsgottesdienst voran, in dem auch um Gottes Segen für die Schulzeit gebeten wird.

In jeder Schule gibt es außerdem eine schulinterne Feier, bei welcher die Schulleitung, die Lehrer und Lehrerinnen und die älteren Schulkinder die Neuankömmlinge begrüßen.

Nach diesen Feierlichkeiten gehen manche Eltern mit ihren Schulanfängern essen oder machen sonst etwas Schönes mit dem Kind, um die Freude über diesen wichtigen Schritt auszudrücken.

Bedenkt man, wie viel Unbehagen, Streit und Stress in vielen Familien im Zusammenhang mit Schule aufkommt, wird deutlich, dass in manchen dieser Rituale etwas fehlt.

Zum einen ist vielen Eltern die Schule selber in schlechter Erinnerung, vor allem natürlich dann, wenn sie so genannte schlechte Schüler waren oder sich sehr unterdrückt fühlten. Diese Eltern haben ein unsicheres Gefühl im Bauch, wenn sie zur Einschulung gehen, und die Zuckertüte symbolisiert sehr doppeldeutig, dass es da offensichtlich etwas zu verzuckern gibt. Wenn Lernen Spaß und Freude bereitet, wie es jedes Baby und Kleinkind auf natürliche Weise erfährt, muss man dieses Ereignis nicht extra belohnen. So stammt die Erfindung der Schultüte auch aus einer Zeit, in der »Zuckerbrot und Peitsche« als bewährte Erziehungsmethoden galten.

Ich möchte nun keineswegs die Schultüte abschaffen, auf die sich jedes Kind freuen soll. Ich möchte Eltern nur ermutigen, sich ihrer möglicherweise zwiespältigen Haltung bewusst zu werden und ihrem Kind eine gehörige Portion Vertrauen, Kraft und hilfreiche Unterstützung mitzugeben. Außerdem sollten sie ehrlich mit sich und dem Kind umgehen: »Weißt du, als ich klein war, konnte ich nicht so gut schreiben. Das lag daran, dass wir zu Hause nie Malpapier hatten und auch kaum Stifte. Du wirst sicherlich leicht lernen und ich werde dir immer helfen, wenn du das möchtest.«

Unterstützung kann sich auch in symbolischen Geschenken ausdrücken. Sie könnten Ihrem Kind zum Beispiel einen »Zauberstein« in die Schultüte legen mit dem Versprechen, dass Sie immer Zeit für es haben werden, um Probleme oder Schwierigkeiten zu besprechen, sobald es mit dem Stein zu Ihnen kommt.

Sie könnten Ihrem Kind auch am Tag vor der Einschulung oder am ersten Schultag abends auf der Bettkante sagen: »Was immer auch geschieht – ich liebe dich. Die Schulzeit ist ein großes Abenteuer. Und wir werden es gemeinsam bestehen.«

Sie könnten Ihrem Kind auch verschiedene kleine Objekte geben, die seine zukünftig verlangten Fähigkeiten unterstützen, z.B. »Ich schenke dir diesen Löwen, damit du die Stärke hast, deinen Schulweg jeden Tag zu meistern. Ich schenke dir diese Biene, damit du fleißig wie sie Honig sammelt deine Aufgaben erledigst. Ich schenke dir diesen Clown, damit du auch in schwierigen Zeiten fröhlich bleibst. Ich schenke dir diesen Bären, damit du zuverlässig und kraftvoll deine Aufgaben erledigst. Ich schenke dir diese Taube als Zeichen, dass alle Streitigkeiten auch friedlich zu lösen sind.«

Ein besonderes Problem stellt die Aufnahme in die neue Klassengemeinschaft dar. Wenn sich eine sensible

und achtsame Lehrerin bewusst für die Integration aller Kinder einsetzt, gibt es in der Regel gar keine Probleme. Ist das nicht der Fall, können einzelne Kinder leicht das soziale Klima vergiften, ohne dass sie Grenzen gesetzt bekommen oder angeleitet werden, sich freundlich zu verhalten.

So werden manche Kinder aufgrund ihres Verhaltens oder Aussehens leicht zu Außenseitern gemacht. Und auch wenn Ihr Kind kein Außenseiter ist, vergiftet das Klima in so einer Klasse häufig alle Kinder und führt zu oft unerträglichen Belastungen. Ich finde, dass Eltern hier früh ihre Bereitschaft zeigen sollten, an der Konfliktlösung im Klassenzimmer gegebenenfalls mitzuwirken, vor allem aber hinter ihren Kindern zu stehen und gemeinsam Lösungsschritte mit allen Beteiligten zu erarbeiten. Kinder, die wissen, dass ihre Eltern sie bedingungslos lieben, haben es leichter, neue Wege einzuschlagen, selbstbewusst ihre Meinung zu sagen und eventuell auch zurückzustehen, wenn das erforderlich ist.

Sicherlich werden Sie im Laufe der Schulzeit auch das eine oder andere Verhalten Ihres Kindes kritisieren. Beachten Sie bitte, das ein Verhalten stets in einem bestimmten Zusammenhang gezeigt wird und nicht den Wesenskern dieses Kindes ausmacht. Ein Kind ist immer liebenswert, sein Verhalten sicherlich nicht.

Der Wechsel zwischen Pflicht und Freizeit

In der Regel schafft sich jeder Mensch selbst Rituale, um die Bereiche Pflicht und Freizeit zu trennen. Väter legen zum Beispiel ihre Anzüge ab und duschen erstmal. Manche Menschen ziehen »Freizeitkleidung« an und

setzen dadurch ein deutliches Zeichen. Am Sonntag bleiben manche Kinder gern lange im Schlafanzug.

In vielen Familien ist es üblich, die Straßenschuhe abzulegen und in bequeme Hausschuhe zu schlüpfen oder barfuß zu laufen. Mütter haben wahrscheinlich die größten Schwierigkeiten damit, weil sie sich »rund um die Uhr« verantwortlich fühlen müssen. Ich finde es deshalb wichtig, schon kleinen Kindern »Ruhe-Rituale« anzugewöhnen, in denen sich Mutter und Kind voneinander erholen können.

Schulkinder benötigen manchmal Hilfe, den anstrengenden Vormittag hinter sich zu lassen und dennoch kleine Pflichten wie Hausaufgaben, Tiere versorgen, ein Instrument üben etc. nicht zu vernachlässigen. Der lässig in die Ecke geschmissene Schulranzen ist meist der Anfang des Rituals: »Endlich kann ich wieder tun, was ich will!« Hat man sich darauf geeinigt, wohin Schulranzen, Jacke und Schuhe zu stellen sind, beginnt möglicherweise ein neuer, oft ritualisierter Kampf um Lautstärke beim Hören der Popmusik oder Gemäkel beim Mittagessen. Wenn ein »abgenervtes« Kind auf »abgenervte« Eltern trifft, ergeben sich die Probleme von selbst.

Humor, Gelassenheit und kleine Rituale können dagegen helfen, die Nachmittage erfreulicher zu gestalten. Hierfür gibt es ganz sicher keine allgemein gültigen Regeln. Aus meinem Erfahrungsschatz mit vier Kindern und zwei Pflegekindern sei Folgendes mitgeteilt.

Ich toleriere hingeschmissene Schultaschen bis nach dem Mittagessen. Sie drücken für mich symbolisch das Abwerfen einer Last aus, die den ganzen Vormittag auf dem Kind lag. Ich lobe meine Söhne dafür, dass sie ihre Taschen bzw. Rucksäcke von selbst zuerst in ihre stets aufgeräumten Zimmer bringen, bevor sie sich mit gewaschenen Fingern an den Tisch setzen. Das war nicht immer so.

Ich finde es wenig hilfreich, ein Kind nach einem anstrengenden Schultag gleich mit Geschimpfe zu begrüßen – auch wenn das berechtigt erscheint.

Ich sage erstmal gar nichts und stelle auch keine Fragen, um die Stimmung und Laune zu erfassen. Wenn ich zu Hause bin, bediene ich meine Kinder an Schultagen bei Tisch. Später haben sie auch Küchenpflichten zu erledigen. An den Tagen, an denen ich nicht zu Hause bin, liegt ein freundlicher Zettel auf dem Tisch, der Hinweise auf das Essen gibt und gute Wünsche ausspricht.

Wenn wir gemeinsam essen, bemühe ich mich um eine gute Atmosphäre, indem ich Gordons Kommunikationsregeln für aktives und passives Zuhören beachte: Auch wenn mir das nicht immer gelingt, halte ich diese Regeln für äußerst sinnvoll:

Jeder spricht in der ich-Form von sich selbst.

Ratschläge und Belehrungen werden nicht erteilt, es sei denn, man wird ausdrücklich darum gebeten.

»Türöffner« für Gespräche sind kleine, nicht bewertende Bemerkungen wie »aha«, »interessant«, »hm«.

Bitte fallen Sie nicht gleich über ein Kind her, wenn es sich über Lehrer aufregt oder sonst herumschimpft. Beobachten Sie, wie sich die Atmosphäre spürbar verbessert, wenn Sie nicht abwerten oder kommentieren, sondern einfach nur zuhören und die erfassten Gefühle wiedergeben: »Das hat dich wohl sehr wütend gemacht«, oder: »Da hast du dich sicherlich schrecklich gefühlt.«

Oft bemerkt das Kind sogar von selbst seinen Anteil am Problem, wenn es nicht gleich belehrt und kritisiert wird.

Nach dem Essen müssen die Schultaschen in die Zimmer gebracht und eventuell herumliegende Jacken oder Ähnliches weggeräumt werden. Jeder darf sich jetzt für eine Weile zurückziehen und das tun, was ihm Spaß

macht. Nach ein bis zwei Stunden Pause erinnere ich – falls notwendig – an anstehende Termine und Verpflichtungen. Eine große Sanduhr, die 60 Minuten zum Durchlaufen benötigt, unterstützt meine Pflegetochter dabei, diese Zeitspanne mit schulischen Dingen auszufüllen. Andere Kinder können mit einer Pinnwand, einer farbigen Schreibtischunterlage ihrer Wahl, einem Obstteller oder Ähnlichem zu bestimmten Pflichten motiviert werden.

Für Dienste haben wir nach vielen Experimenten Karten eingeführt, die von uns als Eltern abgezeichnet werden, wenn der Dienst zuverlässig und korrekt erledigt wurde. Bei Vernachlässigung gibt es Taschengeldabzug in gemeinsam besprochener Höhe. Durch »freiwillige Sondereinsätze« kann das Taschengeld jederzeit aufgebessert werden. Diese und andere Maßnahmen besprechen wir in Familienkonferenzen.

Wichtig finde ich auch, dass Kinder unkontrolliert sein dürfen, d.h. Gelegenheit bekommen, zu tun oder zu lassen, was sie wollen – vorausgesetzt, sie verletzen oder zerstören nichts. »Freie Zeit« – zu der auch Langeweile gehören kann – scheint mehr und mehr ein Privileg vergangener Kindheitstage zu sein. Programme, darunter auch Fernsehprogramme, zerstören diese wichtigen Lebensphasen oft und führen zu erheblichen Belastungen in Familien.

Wie wäre es mit »Gammelstunden« oder »Was-ich-liebe-Phasen«, in denen jeder ganz bewusst in Ruhe gelassen wird? Ein entsprechendes Schild an der Tür mit »Bitte nicht stören« kann ein äußeres Zeichen setzen. In so einem begrenzten Rahmen kann ich sogar laute Musik dulden.

In dänischen Schulen gibt es dafür einen besonderen Ausdruck: »Hyggetime« Als ich dieses Wort auf dem Stundenplan meiner Tochter fand, schlug ich im Wör-

terbuch nach und entdeckte: »Gemütlichkeit«. In diesen Stunden dürfen die Kinder sich selbst beschäftigen und spielen.

»Wir hyggen uns«, nennt meine Tochter ein Ritual, das sie nur mit ihren Freundinnen von der dänischen Schule veranstaltet: Mit vom Taschengeld erworbenen Süßigkeiten sitzen sie in ihrem Zimmer auf Matratzen, erzählen sich eine Menge, kichern, frisieren oder massieren sich und tun alles, um sich rundum wohl zu fühlen.

Gemütlichkeit bedeutet für jeden etwas anderes. Aber nötig haben wir sie alle.

Hausaufgaben-Ritual

Manche Kinder lieben Hausaufgaben und brauchen dafür nichts Besonders.

Anderen kann mit kleinen Ritualen geholfen werden.

Die Hausaufgaben sollten möglichst immer zur gleichen Zeit erledigt werden. Das Kind darf sich diese Zeit selber aussuchen.

Trödeligen Kindern hilft manchmal eine Sanduhr, die sechzig Minuten braucht, bis sie durchgelaufen ist. Wenn es seine Aufgaben innerhalb dieser Zeit ordentlich macht, gibt es eine kleine Belohnung.

Der Platz für die Hausaufgaben wird mit einem farbigen Bogen Tonpapier ausgelegt. Das Kind wählt die Farbe selber aus und stellt fest, welche Farbe ihm am besten hilft.

Das Kind bekommt ein Glas Wasser hingestellt, denn Wassertrinken regt das Gehirn an. Ein zuckerfreies Kaugummi oder ein Obstteller mit zurechtgeschnittenen Häppchen kann auch gute Dienste leisten.

Sind Sie bei den Hausaufgaben anwesend, wird es Ihrem Kind bestimmt helfen, wenn Sie auch am Schreibtisch arbeiten: Rechnungen bezahlen, Briefe schreiben ...

Wenn sich ein Kind richtig quält, tut es ihm gut, eine Tasse Kakao oder ein Stück Schokolade zur Unterstützung hingelegt zu bekommen. Das sollte meiner Meinung nach jedoch nicht die Regel sein.

Eine Duftlampe mit ätherischem Zitronen- und/oder Rosmarinöl stärkt die Konzentration und das Gedächtnis. Fragen Sie allerdings erst, ob Ihr Kind den Duft mag.

Katastrophentage

Jeder kennt sie, diese Tage, an denen scheinbar »alles schief« geht. Sie lassen sich nicht vermeiden, aber ein wenig aufhellen.

Katastrophenbeutel

In einem speziellen Baumwollsäckchen bewahren Sie Pappkärtchen mit lauter schönen Versprechen auf. Am Katastrophentag darf Ihr Kind in den Sack greifen – und das Versprechen wird wahr. Auf den Kärtchen kann je nach Alter des Kindes stehen: »Pippi Langstrumpf als Video gucken«, »fünf Runden Uno spielen«, »in Mamas Bett schlafen«, »ein Märchen vorgelesen bekommen«, »gemeinsam Tuschen«, u.ä.

Bitte achten Sie darauf, nur solche Sachen aufzuschreiben, die sich auch noch am gleichen Tag realisieren lassen. Wenn es nicht anders geht, müssen Sie die Kärtchen vorher überprüfen. Die Eisdiele hat ja im Winter geschlossen, und vielleicht haben Sie Pippi Langstrumpf gerade verliehen.

Familienbett

Wenn Ihr Bett groß genug ist, laden Sie die ganze Familie zum Kuscheln ein. Mitten am Tag. Scheuen Sie sich nicht, sich an Katastrophentagen selber ins Bett zu legen und hemmungslos zu weinen. Ich habe das oft ausprobiert, und es hat immer geholfen.

Super-Spielzeug

Für Katastrophentage kann man bestimmte Spielsachen beiseite legen. Sie werden dann plötzlich hervorgeholt und sind auf einmal die Rettung.

Als meine Kinder klein waren, durften sie an Katastrophentagen alle Schubladen ausräumen, die sie schon immer mal untersuchen wollten. Auf diese Weise konnte ich mich wieder erholen.

Tortentag

In dem wunderschönen Bilderbuch: Peter, Ida und Minimum, in dem es um die Ankunft eines dritten Kindes in einer schwedischen Familie geht, wird auch ein Katastrophentag beschrieben. Das macht das Buch so sympathisch.

In diesem Fall übernimmt der Vater – wenn auch leicht genervt – die Kinder, und die Mutter verlässt das Haus. Sie kann einfach nicht mehr.

Nach einiger Zeit kommt sie mit Torte aus der Bäckerei zurück.

Ein gelungenes Ritual für Katastrophentage.

Mit Nonsense gegen Frechheit

Meine zwölfjährige Pflegetochter ist hin und wieder ausgesprochen frech und unverschämt. Jetzt ist mir etwas eingefallen, was mir in solchen Situationen hilft: Anstatt ihr zu antworten oder etwas entgegenzuhalten, was völlig unsinnig wäre, sage ich ein Gedicht oder einen Spruch auf, der überhaupt nicht passt. Das sorgt dafür, dass das übliche Streitritual erst mal unterbrochen ist. Im glücklichsten Fall müssen wir dann beide lachen.

Nonsense-Verse machen Kindern aber auch sonst viel Spaß.

> *Dunkel war's,*
> *Der Mond schien helle,*
> *Als ein Auto*
> *Blitzeschnelle*
> *Langsam um die Ecke fuhr.*
> *Drinnen saßen stehend Leute,*
> *Stumm in ein Gespräch vertieft,*
> *Als ein ausgestopfter Hase,*
> *Auf der Sandbank Schlittschuh lief.*

> *Frau von Hagen,*
> *Darf ich's wagen,*
> *Sie zu fragen,*
> *Wie viel Kragen*
> *Sie getragen,*
> *Als Sie lagen,*
> *Krank am Magen,*
> *Im Spital zu Kopenhagen?*

> *Guten Tag Frau Hopsassa,*
> *Was macht denn Frau von Trallala?*

Ich danke, ich danke schön,
Ich werd mich gleich erkundigen gehn.

Auf einem gelben Butterberg,
Da saß ein großer dicker Zwerg.
Da kam die Sonne eins zwei drei
Und schmolz den Butterberg entzwei.
O weh, oh Schreck, da war er weg.

Kinder in Trennungs- und Stieffamilien

Viele Kinder sind heute mit der Trennung ihrer Eltern konfrontiert. Weil in der Regel jedes Kind Vater und Mutter liebt, entstehen hieraus immer Probleme. Zusätzliche Schwierigkeiten ergeben sich nicht nur aus den Konflikten der Eltern, sondern auch durch die Konfrontation mit neuen Partnern, die die Kinder oft völlig unvorbereitet hinnehmen müssen.

Rituale können diese Schwierigkeiten nicht beseitigen. Sie können jedoch Wege aufzeigen, miteinander umzugehen, Klarheit ermöglichen und Vertrauen in Versprechen stärken.

Ich möchte Eltern ermuntern, eigene Rituale für ihre spezielle Situation zu erfinden. Meine Ideen sind nur als Anregungen gedacht, die von Familie zu Familie zu variieren oder auch ganz anders zu gestalten sind.

Wir trennen uns

Nach einer Phase des Streitens und wieder Zusammenraufens fällen viele Eltern irgendwann den Entschluss, sich endgültig zu trennen. Kinder bemerken die Missstimmung zwischen ihren Eltern immer, auch wenn sie so tun, als wüssten sie nichts. Und meistens geben sich Kinder auch selber die Schuld für diese Trennung – haben sich die Eltern nicht oft genug auch um ihre Erziehung gestritten? Auch wenn Eltern sich bemühen, ihre Streitereien in die Abendstunden oder Schlafenszeiten zu legen: Kinder bekommen das mit und es tut ihnen gut, informiert zu werden. Unklarheiten regen kindliche Phantasien und Ängste an – und diese sind meist schlimmer als die Realität selbst.

Empfehlenswert ist daher, das Kind gemeinsam zu informieren: »Tina, du hast sicherlich bemerkt, dass wir uns in letzter Zeit nicht mehr so gut verstehen und oft streiten. Vielleicht werden wir uns trennen. Diese Trennung hat nichts mit dir zu tun. Wir weden dich weiter lieben und immer deine Mama und dein Papa bleiben.«

Ist die Trennung endgültig entschieden, ist ein Ritual sinnvoll, das diese nachvollziehbar macht und klärend wirkt. Eine offizielle Scheidung erfolgt ja in der Regel viel später und bezieht die Kinder nicht immer ein.

Da sich in der Regel sehr viel Hass zwischen den Partnern aufgestaut hat, ist es sinnvoll, Freunde oder so genannte Mediatoren um Hilfe bei diesem Ritual zu bitten.

So können die ehemaligen Partner z.B. in einigem Abstand mit Schnüren verknotet werden, die sie dann auf ihre Art durchtrennen müssen. Sie können ihre Ringe offiziell ablegen und gemeinsam überlegen, was damit zu tun ist. Sie könnten z.B. vergraben, eingeschmolzen oder umgearbeitet werden.

Ganz wichtig sind Sätze, die in Anwesenheit der Kinder gesprochen werden, wie: »Ich danke dir für alles, was du mir gegeben hast. Ich achte dich als einen Menschen, mit dem ich eine Zeit gemeinsam verbracht habe. Als Vater/Mutter unserer Kinder bleiben wir immer verbunden. Als Partner trenne ich mich jetzt von dir.«

Für ein Trennungsgeschenk mag es in vielen Fällen noch zu früh sein, ich finde jedoch, es sollte irgendwann erfolgen. Ein Ginkgo-Blatt ist z.B. ein schönes Symbol, das Trennung und Vereinigung symbolisiert. Als Mensch und Kind des Universums bleiben wir ja alle miteinander in Verbindung. Auch könnten die Kinder etwas Süßes erhalten für alles Bittere, das man ihnen antut. Das muss keine Schokolade sein, sondern ist vielleicht ein »süßes« Trosttier oder ein besonderes Kissen. Eine kleine Geste der Liebe – nicht aus schlechtem Gewissen und auch kein Bestechungsgeschenk.

Bilderbücher wie z.B. das preisgekrönte: »Papa wohnt jetzt in der Heinrichstraße« helfen jüngeren Kindern, das Vorgehen zu verstehen.

Eine angemessene Besuchsregelung, auf die sich die Parteien gegebenenfalls mit Hilfe von Mediatoren geeinigt haben, macht Kindern die Trennungsphase leichter. Sie selber ist ein Ritual, das sogar zu einem schönen Erlebnis werden kann, wenn die ehemaligen Partner einander keine Vorschriften machen und sich nicht gegenseitig anschwärzen. In den allermeisten Fällen haben sowohl der Vater als auch die Mutter Eigenschaften und Verhaltensweisen, die das Kind mag und akzeptiert und die ihm gut tun. Auch wenn einige Väter lieber in Freizeitparks und zu McDonalds gehen, als mit ihren Kindern zu spielen, halte ich eine solche Beziehung besser als gar keine oder eine durch ständige Vorhaltungen vergiftete. Ich beobachte in meinen Familientherapien durchaus die erschreckende Einfallslosigkeit vieler Väter, die durch die besserwisserische Überheblichkeit einiger Mütter allerdings eher unterstützt als verhindert wird. Toleranz, Gesprächsbereitschaft und Lernfähigkeit sind Eigenschaften, die auch in der heutigen Elterngenerationen viele nicht gelernt haben – die aber durchaus lernbar sind. Und anders als

in früheren Zeiten erhalten Paare heute an vielen Orten Hilfe.

In dem Buch »Neue Wurzeln für kleine Menschen« von Linde von Keyserlingk sind wunderschöne therapeutische Geschichten enthalten, die in verschiedenen durch Trennung und Abschied entstandenen Situationen große Hilfe leisten können – übrigens nicht nur für Kinder. Solche Geschichten gemeinsam zu lesen und vielleicht anschließend darüber zu reden, tut ganz sicher auch den Eltern gut, und in der Geschichte »Ein neues Versprechen« ist sogar eine Scheidungsfeier beschrieben.

Ich-geh-zu-Papa-Ritual

Kinder leben nach der Trennung meistens bei ihren Müttern und besuchen ihre Väter. Alles hier Angeführte gilt aber natürlich genauso für den umgekehrten Fall!

Kinder sind von Natur aus neugierig und offen. Deshalb sind sie bei allem Schmerz auch bereit, Papas neue Wohnung anzuschauen. Wichtig ist, dass Mütter hierzu eindeutige Signale des »Du-Darfst« geben.

Wer sich verletzt und gekränkt fühlt, wird die Tendenz haben, dem eigenen Kind unbewusst zu signalisieren: »Dein Vater ist ein Unmensch. Wenn du ihn besuchst, verrätst du mich.« Solche oft tief sitzenden Gedanken und Gefühle bringen ein Kind in große Konflikte. Es will beiden Eltern gefallen und weiß nicht, wie es das anstellen soll, es fühlt sich zerrissen, kann sich nicht mehr konzentrieren und wird traurig.

Wenn eine Mutter sagt: »Ich bin sauer auf Papa. Aber das hat nichts mit dir zu tun, und du darfst ihn besuchen. Er bleibt immer dein Papa«, kann sich das Kind erleichtert fühlen. Auf keinen Fall sollte es als »Mülleimer« für mütterliche Probleme und Gefühle benutzt werden.

Wenn Sie Ihr Kind ermuntern, seine Tasche zu packen und ihm freundlich dabei helfen, muss es seine Freude auf das bevorstehende Ereignis nicht zurückhalten.

Haben Sie nicht auch dringend ein kinderfreies Wochenende verdient?

Kehrt das Kind zurück, sollte es nicht mit Fragen bombardiert werden.

Es braucht vielmehr Zeit zum Ankommen. Vielleicht erzählt es von selbst etwas. Vielleicht auch nicht. Bitte bewerten Sie nichts! Reden Sie auch nicht schlecht über den Partner. Konflikte, die sich immer irgendwann ergeben, lassen sich in Abwesenheit des Kindes mit Hilfe von Dritten lösen.

Neue Partner

Wenn Vater oder Mutter sich neu verlieben, ist das für die Kinder oft in doppelter Weise schwierig. Zum einen, weil sie sich insgeheim danach sehen, dass die Eltern wieder zusammenkommen und ihre Hoffnungen jetzt zerstört werden, zum anderen, weil neue Partner mit neuen Problemen konfrontieren, indem sie zum Beispiel bei der Erziehung mitreden oder dem Vater oder der Mutter »Zeit stehlen«. Das bedeutet: weniger Zeit fürs Kind. Auch bringt der »unsichere Status«, den eine neue Beziehung natürlicherweise zuerst hat, Unsicherheit in die Familie. Geht er oder bleibt er?

Da das Verliebtsein eine Sache von Mutter bzw. Vater ist, empfehle ich, Kinder zunächst da rauszuhalten. Das ist allerdings nicht immer möglich, z.B. wenn die Kinder klein sind und keine anderen Betreuungspersonen zur Verfügung stehen.

Entwickelt sich eine feste Beziehung oder sind die Kinder »notgedrungen« dabei, ist es wichtig, zu vermitteln, dass der neue Partner bzw. die Partnerin kein Vater-

oder Mutter-Ersatz ist. Er ist der Freund der Mutter oder die Freundin des Vaters. Vielleicht entwickeln Kind und Freundin von selbst ein Begrüßungs- oder Spiel-Ritual, vielleicht werden sie Freunde. Vielleicht aber auch nicht. Wichtig finde ich, dass neue Partner die Kinder nicht erziehen. Wenn alle Beteiligten zusammen sind, sollte man sich allerdings auf bestimmte Regeln einigen. Alle müssen dabei Mitspracherecht haben. Unstimmigkeiten, die oft zum Zerbrechen der neuen Beziehung führen (was von einigen Kindern auch durchaus erwünscht ist), ergeben sich immer dann, wenn der neue Partner über das Kind bestimmen und verfügen möchte oder sich übertrieben »anbiedert« oder, wie Jugendliche sagen würden, sich »einschleimt«. Machen »der Neue« oder »die Neue« dagegen klar, dass sie zwar die Mutter bzw. den Vater mögen, aber von dem Kind nichts erwarten oder verlangen, sind die Türen für echte Freundschaft geöffnet. Es macht aber auch nichts, wenn sich Kind und neuer Partner »neutral« einander gegenüber verhalten. Zuneigung kann schließlich nicht erzwungen werden.

Vorstellbar wäre folgendes kleine Ritual:

»Max, ich bekomme heute Besuch von Martin, meinem neuen Freund. Ich mag ihn. Hast du Lust, ihn auch kennen zu lernen?« Max darf jetzt ja oder nein sagen.

Sagt Max nein, kann er in seinem Zimmer bleiben, einen Freund besuchen oder zu Oma fahren. Sagt er ja, kann man gemeinsam essen – etwas, was das Kind auch mag. Der neue Partner kann dann Worte sagen wie: »Ich freue mich, dich kennen zu lernen. Mal sehen, wie wir uns vertragen.« Die beiden könnten sich dann über Vorlieben und Abneigungen austauschen und mit Zitronenlimonade darauf anstoßen. Die Mutter sollte klarstellen: »Du musst Martin nicht mögen. Er ist mein Freund.«

Kommt »der Neue« regelmäßig ins Haus, müssen Vereinbarungen getroffen und klare Regeln aufgestellt

werden. Alle dürfen mitreden, alle dürfen mitbestimmen. Es müssen Kompromisse gefunden werden. Familienkonferenz und Zukunftswerkstatt, wie ich sie auf S. 113f. beschrieben habe, sind geeignete Formen, um solche Übereinkünfte zu erzielen und zu erproben.

Über das eigene Leben und die Lebensgestaltung kann natürlich jeder nur selbst bestimmen. So können Kinder zum Beispiel ihren Eltern nicht verbieten, sich zu verlieben oder auszugehen. Sie können aber verlangen, dass sie in Abwesenheit betreut werden, dass sie sich in ihr Zimmer oder zu Freunden zurückziehen dürfen oder dass der neue Partner nicht in ihrer Anwesenheit raucht.

Umgekehrt können Eltern erwarten, dass der neue Partner nicht beschimpft oder beleidigt wird.

Hat der neue Partner auch eigene Kinder, kann man nicht davon ausgehen, dass diese sich mögen, nur weil die Eltern das tun. Ein erzwungenes Beisammensein dieser Kinder ist daher unbedingt zu vermeiden. Es gibt inzwischen eine Menge guter Kinder- und Jugendbücher, die die Problematik der »Patchworkfamilien« aus der Sicht der Kinder beschreiben, z.B. von Kirsten Boie: »Man darf mit dem Glück nicht drängelig sein«, oder von Christine Nöstlinger: »Oh du Hölle!« Einzelne wunderschöne Geschichten zu dem Thema befinden sich in dem schon erwähnten Buch von Linde von Keyserlingk.

Familienfeste mit neuen Partnern

Jede Familie hat eine bestimmte Festtradition, die mit der Trennung der Eltern verloren geht. Rituale, die bisher immer gepflegt wurden, gibt es auf einmal nicht mehr. Das ist besonders für die Kinder oft dramatisch. Sie fühlen sich herausgerissen und verloren, und oft

wird dann noch erwartet, dass sie froh und glücklich sind und ihre Trauer nicht zeigen.

Wenn Sie sich getrennt haben, ist es wichtig, frühzeitig zu besprechen, wie z.B. das Weihnachtsfest gestaltet werden kann, und die Kinder bzw. die »verloren gegangenen Partner« mit einzubeziehen.

Carmen und Walter sind mit ihren Kindern zu Weihnachten immer nach Österreich gefahren. Auf einem ganz bestimmten Bauernhof haben sie das Weihnachtsfest auf immer gleiche Weise gefeiert. Nun haben sich die Eltern getrennt. Tim und Nina beraten mit Carmen, wie Weihnachten gefeiert werden soll. Nach der Trennung ist nicht genug Geld für einen Urlaub da, aber die Kinder finden das gar nicht so schlecht. Sie möchten Weihnachten diesmal zu Hause feiern und besprechen mit ihrer Mutter die Details. Nina möchte nach den Feiertagen ihre beste Freundin zu sich einladen und endlich einmal ganz viel Zeit für sie haben, Tim möchte seine Großeltern besuchen. Am zweiten Feiertag besuchen beide Kinder Walter bei sich zu Hause. Er wohnt jetzt mit einer anderen Frau zusammen. »Da wohnen möchten wir auf keinen Fall, aber für einen Tag ist das okay«, sagen Tim und Nina und freuen sich insgeheim auf doppelt so viele Geschenke.

Rune lebte seit dem Tod seiner Mutter mit seinem Vater allein. Nach der Schule ging er in den Hort und von da holte ihn sein Papa nachmittags ab. Gemeinsam saßen sie dann in der Küche, redeten über ihren Tag und aßen etwas. Nach dem Essen sahen sie zusammen fern.

Dann lernte er Betty, seine neue Frau kennen. Alles wurde anders. Betty holte jetzt Rune schon eine Stunde früher vom Hort ab, und das Essen stand fertig auf dem Tisch, wenn Peter nach Hause kam. Rune wurde irgendwie immer stiller und er wirkte unglücklich. In einer fa-

milientherapeutischen Beratung wurde bald deutlich, dass Rune die vielen Veränderungen, die ihm eigentlich helfen sollten, gar nicht verkraften konnte. Am meisten vermisste er die intimen und vertraulichen Gespräche mit seinem Vater in der Küche.

Betty und Peter einigten sich dann, dass montags und mittwochs »Papatag« ist. Peter holt Rune dann von der Schule ab und kocht mit ihm wie früher. Danach wird ferngesehen. Dienstags und donnerstags ist Betty mit Kochen und Abholen dran, und am Freitag unternehmen die drei etwas Schönes gemeinsam, das auch gemeinsam geplant wird. Am Samstag ist »Aktionstag« – da wird eingekauft und geputzt bzw. aufgeräumt. Und am Sonntag ist »Gammeltag« – da darf jeder machen, was er will.

Ferienanfang

Kennen Sie Pippi Langstrumpf? »›In vier Monaten ist Weihnachten, und da bekommt ihr Weihnachtsferien. Aber ich, was bekomme ich?‹ Pippis Stimme klang traurig. ›Keine Weihnachtsferien, nicht das allerkleinste bisschen Weihnachtsferien‹, sagte sie klagend. ›Das muss anders werden. Morgen fange ich mit der Schule an.‹«

Natürlich – auf Ferien kann man sich nur freuen, wenn es etwas anderes als Ferien gibt: die Schulzeit.

Ferien sind toll und sie sind etwas ganz Besonderes. Zumindest einige Zeit oder den ersten Tag werden Sie – auch bei Berufstätigkeit – gemeinsam mit ihren Kindern verbringen. Väter machen ihrer Familie ein großes Geschenk, wenn sie in der Ferienzeit auch Urlaub nehmen.

Unabhängig davon, ob Sie mit Ihren Kindern verreisen oder nicht: über den Zauber der Ferien können Sie selbst entscheiden. Und er beginnt mit einem besonderen Ritual, das Sie für Ihre Familie erfinden.

Sie könnten die Kinder zum Beispiel ausnahmsweise abholen und ein Picknick an einem schönen Ort veranstalten. Oder Sie könnten Ihrer Tochter erlauben, einmal so viele Kinder einzuladen, wie sie schon immer wollte, und diese alle bei Ihnen übernachten lassen.

Für andere Familien gehört es einfach dazu, die Kinder schon am Schultor mit dem Wohnmobil zu empfangen und dann ins Blaue zu starten.

Sie könnten sich auch Karten für einen besonderen Film im Kino, ein Konzert oder ein Kindertheater besorgen oder einfach nur Pizza backen und diese auf dem Balkon essen.

Sie könnten Ihrem Sohn ein dickes Abenteuerbuch schenken oder mit ihm eine Radtour machen, die Sie vorher gemeinsam gründlich planen.

Ferien haben kann auch bedeuten, endlich einmal die Zimmer aufzuräumen und all das zu tun, was man schon immer tun wollte, wozu aber bisher die Zeit fehlte. Und das alles in Ruhe, ohne Druck und Stress erledigen.

Bestimmte Ferien können auch mit bestimmten Besuchen verbunden sein. So fuhren wir früher, als wir noch in Berlin wohnten, regelmäßig mit unseren Kindern zu meinem Bruder, der auf dem Land lebt. Die Pfingstferien waren identisch mit dem Namen seines Dorfes, und wir haben ganz viele schöne Erinnerungen an diese Zeit.

Heute bekommen wir im Sommer immer Besuch von alten Freunden aus der Großstadt. So sind die Sommerferien verbunden mit Essen im Freien und langen Gesprächen, Radtouren und Spaziergängen.

Viele Eltern sind erleichtert, wenn ihre Schulkinder endlich lange schlafen. Der erste Ferientag ist natürlich dafür besonders bestimmt. Endlich ausschlafen und noch mittags im Schlafanzug frühstücken, kann ein schönes Ritual am ersten Ferientag sein. Einmal etwas ganz anders machen als im Alltag – das macht den Reiz der Ferien aus.

Zeugnisse

Schulkinder bekommen zweimal im Jahr Zeugnisse, ein Ritual, das untrennbar mit der Schulzeit verbunden ist. Zum ersten Mal wird ein Kind der Familie offiziell von einer außerfamiliären Instanz »bewertet«, und in Zeiten wachsender Arbeitslosigkeit werden Zeugnisse in der Regel besonders wichtig genommen. So kann es leicht geschehen, dass sich Eltern, deren Kinder »schlechte« Zeugnisse bekommen, als Versager fühlen und andere, deren Kinder gute Noten mit nach Hause bringen, die Bestätigung für ihre mühsamen Jahre der Kindererziehung erhalten.

Zur Zeugnisausgabe tut es gut, sich selber eigene alte Zeugnisse anzuschauen und sie eventuell auch den Kindern zu zeigen. Sowohl mein Mann als auch ich waren schlechter in der Schule als unsere Kinder es sind. Wir amüsieren uns oft darüber. Und es ist doch tröstlich, dass wir dennoch »etwas geworden« sind.

Weil ich selber viele Jahre als Lehrerin gearbeitet habe, weiß ich, dass Zeugnisse nicht objektiv sind. Bestimmte Lehrer bewerten ein bestimmtes Kind in einem bestimmten System. Manche Fächer können innerhalb kurzer Zeit vom Lieblingsfach zum Hassfach werden, nur weil

ein Lehrerwechsel stattfand. Entsprechend können auch die Zensuren steigen oder fallen. Außerdem geschehen in Schulen viele belastende Dinge, die Eltern niemals erfahren. Kleine Gemeinheiten, Ungerechtigkeiten, Prügeleien und Hänseleien. Gerade stille Kinder schleppen oft schreckliche Lasten mit sich herum, die sich natürlich auch in den Zensuren ausdrücken. Andererseits gibt es überall auch Lehrerinnen und Lehrer, die sich enorm engagieren, Kinder motivieren und sie zu fantastischen Leistungen und vorbildlichem Verhalten anregen. Ich finde deshalb: Zeugnisse sind nicht so wichtig. Wenn ich die Lernerfolge oder Misserfolge meines Kindes im Laufe des Schuljahres verfolge, werde ich ohnehin am Zeugnistag kaum eine Überraschung erleben. Außerdem: Was nützt mir ein gutes Zeugnis, wenn mein Kind ständig Kopf- und Bauchschmerzen hat? Und warum soll ich mich über eine schlechte Zensur aufregen, wenn ich weiß, dass mein Kind sein Bestes getan hat?

Mit Sicherheit wird auch im späteren Leben die Persönlichkeit, das konkrete Verhalten und Auftreten immer mehr zählen als Ziffernnoten.

Ich bin also keine Freundin von Geldgeschenken am Zeugnistag. Meine Freude über gute Zensuren möchte ich lieber spontan und ohne Rechengrundlage ausdrücken. In manchen Familien kann es deshalb trotzdem ein nettes Ritual sein, am Zeugnistag – auch bei Oma und Opa – abzukassieren.

Wir haben uns bemüht, stattdessen lieber etwas Schönes zu unternehmen: Eisessen gehen zum Beispiel oder »Kuchen satt«.

Mir ist auch wichtig, die Zeugnisse möglichst bald zu vergessen – sie werden also gleich unterschrieben und dann wird nicht mehr lange darüber geredet: Auch ein schlechtes Zeugnis lässt sich am Tag der Ausgabe nicht mehr ändern!

Streit- und Versöhnungsrituale

Da oben auf dem Berge,
Da ist der Teufel los.
Da streiten sich zwei Zwerge
Um ein' Kartoffelkloß.
Der eine wollt ihn haben,
Der andere ließ nicht los:
So zanken sich zwei Zwerge
Um den Kartoffelkloß.

In jeder Familie gibt es Streit, und sehr oft findet dieser – ganz unbewusst – in ritualisierter Form statt. Das heißt konkret: immer über das gleiche Thema, immer am gleichen Ort, stets auf die gleiche Weise.

Kommt Heiner beispielsweise von der Arbeit nach Hause, erzählt ihm im Wohnzimmer Jutta, wie der Tag mit den Kindern verlaufen ist. Heiner gibt ihr dann ungefragt Erziehungsratschläge, die Jutta als »total daneben« ablehnt. Die beiden werden immer lauter, schließlich rennt Jutta weinend raus, während Heiner den Fernseher einschaltet.

In einer familientherapeutischen Beratung haben Heiner und Jutta das »Muster« erkannt und einiges über ihre jeweiligen Herkunftsfamilien geklärt. Jutta vesteht jetzt, warum Heiner bestimmte Ansichten hat, und Heiner wurde klar, warum Jutta ihre Wut in Tränen ausdrückt. Auf Empfehlung der Therapeuten haben sich Heiner und Jutta an einem Wochenende gemeinsam mit ihren Kindern »Streitmasken« gebastelt. Sie sollten sie beim Streit tragen.

Komischerweise ist seither ihr übliches Streitritual nicht mehr vollzogen worden, denn Jutta gönnt Heiner erstmal eine Pause, wenn er nach Hause kommt. Wenn er sie Stunden später fragt, wie ihr Tag war, hält er sich mit Kommentaren und Ratschlägen zurück. Stattdessen nimmt er sie öfter liebevoll in den Arm und sagt: »Du hast es wirklich nicht leicht mit den Kindern.« Manchmal, wenn Jutta sich über Heiner geärgert hat, setzt sie ihre grässliche Maske auf, und dann müssen sie beide lachen.

In Familien gibt es üblicherweise »dominante« und »anpassungsbereite« Mitglieder. Außerdem sind manche Menschen stets bereit, ihren Ärger offen und oft verletzend auszudrücken, während andere ihn lieber hinunterschlucken und noch lange darüber nachdenken. Beide Formen sind nicht empfehlenswert, weil sie langfristig unsere körperliche und seelische Gesundheit gefährden.

Dominante Menschen müssen lernen, dass sie nicht immer Recht haben und dass sie Widerstand erzeugen, wenn sie auf ihrer Meinung beharren. Widerstand und Trotz verhindern dann genau, was sie eigentlich wünschen. Anpassungsbereite müssen den Mut aufbringen, sich offen zu widersetzen. Ein König ist nicht ohne Untertan denkbar. Untertanen können Könige stürzen! Wer seinen Ärger auf verletzende Art und Weise ausdrückt, wird als Konsequenz immer einsamer und heimlich viel gehasst. Kaum ist der »Despot« aus dem Haus, werden seine Regeln hemmungslos verletzt.

Wer seine Wut herunterschluckt und bei sich behält, wird in der Regel krank.

In Familien tut es gut, vorzuleben, dass man sich streiten kann, ohne einander mit Worten oder Handlungen weh zu tun. Man kann zum Beispiel lustige Schimpfwörter erfinden oder sich von vornherein darauf einigen, dass bestimmte Ausdrücke nicht so gemeint sind. Es gibt einen Spruch, der sagt: »Quatsch doch deinen Schrank voll!« Wäre es nicht lustig, wenn Sie sich als

Mutter oder Vater vor den geöffneten Kleiderschrank stellen würden und diesem ihren Ärger über herumgeworfene Kleidungsstücke erzählten? Das wäre auf jeden Fall nützlicher, als Ihrer Tochter zum zehnten Mal zu sagen, sie möge bitte aufräumen.

In dem Ritual »Neubeginn«, das ich auf S. 218 beschreibe, können Verletzungen innerhalb der Familie zur Sprache kommen. Auch im Redekreis oder in der Familienkonferenz kann man Ärger auf faire und sinnvolle Weise loswerden.

Meine Tochter, mit der ich schon als kleines Kind oft heftig stritt – und umgekehrt (!) –, hat von Anfang an auch ein Versöhnungsritual eingeführt. Sie kommt dann zu mir und sagt: »Wolln wir uns wieder vertragen?« Ich sage sofort: »Ja, ich finde es furchtbar, mit meiner schönen Tochter im Streit zu sein!«, und wir umarmen und küssen uns. Inzwischen haben wir einen bestimmten Blick herausgefunden, mit dem wir uns anschauen und dann beide zu lachen anfangen, und der Streit ist vorbei.

Ich habe mich immer bei meinen Kindern entschuldigt, wenn ich sie einmal angeschrien oder heftig ausgeschimpft habe. Ich habe ihnen gesagt, dass ich das selber nicht mag und bedaure, in so einer Stimmung gewesen zu sein. Mein ältester Sohn hatte mit der Zeit eine ganz nette Art entwickelt, in bestimmten Situationen einfach so liebevoll »cool bleiben« zu sagen, dass ich meine Wut sofort »herunterfahren« konnte.

Mein Mann und ich haben uns angewöhnt, nach einem Streit und einer Pause einander zu sagen, wie es uns gefühlsmäßig gegangen ist, was konkret uns verletzt hat. Wir umarmen uns dann ebenfalls und entwickeln gemeinsam eine Lösung für das Streitproblem.

Das silberne Tablett

Und hier noch ein Beispiel, wie man Konflikte mit Ritualen lösen oder zumindest entschärfen kann. Es stammt von Hella, einer Bekannten von mir.

Als sie eines Tages in einem Restaurant die Rechnung auf einem silbernen Tablett serviert bekam, kam ihr die Idee, daraus ein Ritual zu entwickeln.

Sie war es leid, ihre Kinder wegen nicht ausgeleerter Mülleimer, nicht gemisteter Meerschweinchen und herumliegender Wäsche ständig ermahnen zu müssen. Also besorgte sie aus einem Trödelladen ein kleines silbernes Tablett. Wenn die Kinder nun aus der Schule kommen, wird nach dem Mittagessen »die Rechnung serviert«. Auf dem silbernen Tablett liegt ein Zettel: »Bitte sofort die Wäsche runterbringen.« Und wenn sich Hella dann zu einer Tasse Kaffee hinsetzt, liegt da schon wieder das Tablett. Auf dem Zettel steht: »Erledigt!«

Vom Sinn und Unsinn der Feste

Ursprünglich waren alle Feste religiös und rituell, d.h. sie dienten der Verbindung zwischen Mensch und Gott bzw. Göttinnen, zwischen Mensch und Natur. Heute sind Weihnachten und Ostern zu kommerziellen Festen verkommen, andere Feste, mit Ausnahme des Geburtstages, kennen viele nur noch aus dem Kalender. Indem wir uns mit der ursprünglichen Bedeutung der Feste beschäftigen und für uns selber entscheiden, was wir daraus annehmen wollen und was uns für uns passend erscheint, können Feste für uns und unsere Kinder einen neuen Sinn erhalten und mit unvergesslichen Ritualen verbunden werden.

Die Adventszeit

Wenn Ende November das Schmuddelwetter einsetzt und viele Menschen anfangen, über den Winter zu klagen, stimme ich nicht in den Chor der Jammernden ein, denn meine Vorfreude auf die Adventszeit ist zu groß.

Es beginnt damit, dass ich mich auf die ersten Mandarinen freue, auf den Duft der Orangen und Clementinen. Es steigert sich mit Vanillekipferln und dem Geruch von frisch gebackenen Plätzchen. Und es erfährt einen Höhepunkt an dem Nachmittag, an dem wir Tannenzweige ins Haus holen und den Adventskranz binden. Freude und Erwartung kehren ein, Heimlichkeiten, Spuren, Überraschungen und eine Menge Außergewöhnlichkeiten.

Immergrün

Wenn im Herbst die Laubbäume ihre Blätter verlieren, befällt viele Menschen ein wehmütiges Gefühl von Abschied. Was für ein Trost, dass es noch immer so viele immergrüne Pflanzen gibt, die auch im Winter unser Herz erfreuen, ja, die erst jetzt richtig zur Geltung kommen. Wie wäre es, wenn Sie an einem Tag im Dezember auf einem Spaziergang gemeinsam mit Ihren Kindern nach immergrünen Pflanzen Ausschau hielten? Dieser Spaziergang könnte mit einem Rätsel beginnen:

> *Ich werfe keine Blätter ab,*
> *Bin auch im Winter grün.*
> *Ich freue mich,*
> *Wenn du mich siehst,*
> *Wenn meine Zweige grün*
> *Geschmückt mit Licht*
> *Dein Herz erglühn.*
> *Was bin ich?*

Außer der Tanne finden Sie Immergrün, Efeu, Stechpalme (Ilex), Kiefer, Fichte, Mistel, Wacholder, Buchsbaum, Zypresse und natürlich die wunderschönen Christrosen, die jetzt in dieser Zeit blühen.

Jede dieser Pflanzen hat einen hohen Symbolwert und eignet sich auch sehr gut als Geschenk für Menschen, die in dieser Zeit Geburtstag haben.

Efeu

Efeu ist eine sehr ausdauernde, langlebige Pflanze. Erst einmal an einem Standort verwurzelt, wird sie ihn freiwillig nicht mehr verlassen. So ist Efeu ein Symbol der Treue wie auch der Unsterblichkeit. Im Altertum war

Efeu den Göttern Dionysos und Osiris geweiht. Es waren Vegetationsgötter, die sowohl das Leben als auch den Tod repräsentierten. Deshalb wird Efeu bis heute auch gern als Grabbepflanzung gewählt.

Stechpalme

Diese immergrüne Pflanze, die im Winter knallrote Beeren trägt, galt bei Germanen, Kelten und Angelsachsen als heilig, trug sie doch mitten in der kalten Zeit wunderschöne Früchte und bot in Kriegszeiten undurchdringlichen Schutz vor Feinden. Heute steht diese Pflanze unter Naturschutz, und zehn Meter hohe Exemplare mit dickem Stamm gibt es nur noch äußerst selten.

In England und Amerika dekoriert man mit Ilex in der Adventszeit Häuser und Wohnungen und verschenkt Zweige als Zeichen der Freundschaft. Ursprünglich war dieser Schmuck ein Geschenk an gute Geister und Waldfeen, die das Haus vor Unwettern schützen und Verwünschungen fern halten sollten.

In Südamerika wird aus einer besonderen Ilex-Art (Ilex paraguariensis) der berühmte Mate-Tee gewonnen, der vielerlei Heilwirkung hat.

Immergrün

Sein ausdauerndes, rankendes Grün gilt in ganz Europa als Symbol der Treue, Beständigkeit und des ewigen Lebens. Bei den Kelten war es wegen seiner adstringierenden (blutstillenden) Wirkung eine wichtige Heilpflanze. Mit seinen wunderschönen blauen Blüten, die sich mitten im Winter öffnen, erinnert uns Immergrün an den Himmel und die Unsterblichkeit der Seele. Kopfkränze aus Immergrün gab man verstorbenen Kindern mit auf den Weg.

Zypresse

Mit ihrem pyramidenförmigen Wuchs und ihrem besonderen Duft, ihrer blutstillenden Wirkung und ihrer aufgerichteten Gestalt waren Zypressen vor allem in Westasien heilige Bäume. Hier wurden kunstvoll Gärten mit ihr bepflanzt und dem höchsten Gott der Phönizier, Ormuzd, geweiht. Zypressenholz ist ähnlich wie das der Zedern sehr dauerhaft und wurde zum Schnitzen unzähliger Kultbilder und Tempelschreine benutzt.

Buchsbaum

Diese Pflanze ist mit vielen Arten in ganz Europa, Asien und Mittelamerika verbreitet. Seine immergrünen, ledrigen Blätter, sein gesunder Wuchs, der immer neue Triebe hervorbringt, machen ihn zum Symbol der Unsterblichkeit und Liebe über den Tod hinaus. In Griechenland war Buchs dem Schmerz bringenden Gott der Unterwelt, Hades, geweiht. Aber auch Kybele, einer wilden, kleinasiatischen, in Bergwäldern hausenden Muttergöttin, die mit einem Löwengespann durch ihr Reich fuhr, war er heilig. Mit dem Christentum wurde der Buchs Maria zugeordnet und zum Symbol des ewigen Lebens durch Jesus Christus.

Fichte

Wenn wir von Tannenbäumen reden, handelt es sich meistens in Wirklichkeit um Fichten. Der immergrüne Baum, der niemals erfriert und sehr hoch wächst, war allen nordischen Völkern heilig und ihrem Lichtgott Balder geweiht. Er galt als Zeichen der Hoffnung und der Kraft und wurde zum Julfest in Form eines Holzblocks aus Fichtenwurzel ins Haus geholt und mehrere

Tage am Brennen gehalten, damit die Sonne zurückkehren möge und das Haus geschützt sei.

Auch streute man zu Festen Fichtenzweige auf den Hausboden, um Krankheiten und alles Böse fern zu halten. Das ätherische Öl der Nadeln und des Holzes wird dabei auch seine Wirkung getan haben. Es wärmt, durchblutet und reinigt die Atemwege.

Mistel

Für die keltischen Druiden waren Misteln auf Eichen heilig. Sie glaubten, dass Gott den Baum erwählt habe, auf dem er seine Misteln wachsen ließ. Der klebrige Saft der Mistel wurde als Sperma Gottes gedeutet, weshalb das Küssen unter Mistelzweigen bis heute als fruchtbarkeitsfördernd gilt. So ist die Mistel ein Symbol für Hoffnung, Fruchtbarkeit und Segen. Die Druiden ernteten sie mit goldenen Sicheln. Bis heute nutzt man Misteln zu therapeutischen Zwecken bei Krebs, Bluthochdruck, zur Herzstärkung und zum Ausgleich des Nervensystems.

Der Adventskranz

Natürlich kann man allerorten Adventskränze kaufen. Seit ich einen eigenen Garten habe, ist es für mich ein Fest, selber immergrüne Zweige verschiedener Bäume zu schneiden. Ich ziehe zu diesem Zweck mit den Kindern, die möchten, feierlich in den Garten, wähle die Zweige aus und bedanke mich bei der Pflanze für ihre Gabe. Weil es mich überraschte, wie einfach es ist, kann ich auch Ihnen nur empfehlen, den Kranz selber zu winden. Sie können dazu alle immergrünen Zweige benutzen und diese natürlich gegebenenfalls auch kaufen. Wenn Sie genügend Zweige haben, brauchen Sie keinen

Strohkern, sondern nur grünen Blumendraht zum Binden.

Legen Sie die Zweige schuppenförmig übereinander und umwickeln Sie sie fest mit dem Draht. Wenn Sie eine passende Länge erreicht haben, fügen Sie Anfang und Ende zusammen und erhalten so den Kranz, den Sie dann an einigen Stellen noch nachbessern können, indem Sie Zweige hinzufügen.

Wir machen ein kleines Ritual daraus, indem wir Freunde einladen, ruhige Weihnachtsmusik auflegen, Früchtepunsch ohne Alkohol trinken und dabei nicht sprechen. Aus den restlichen Zweigen machen wir kleine Türkränze oder Vasenschmuck.

Die roten Kerzen befestige ich, indem ich Nägel oder Schrauben über der Gasflamme erhitze und mit dem Kopf zuerst in die Kerze bohre. Bis der Wachs erkaltet ist, stelle ich die Kerze kopfüber in eine hohe Tasse. Umwunden wird der Türkranz bei uns mit Goldband, das mich an die goldenen Sicheln der Druiden und höchste Werte erinnert. Der Adventskranz bekommt ein rotes Band, als Ausdruck der Liebe und des Lebens.

Besondere Speisen im Advent

Über Lebkuchen, Schokoladenweihnachtsmänner und Dominosteine, die es oft schon gleich nach dem Sommer in Supermärkten gibt, möchte ich hier nicht reden. Ich möchte vielmehr an alte Bräuche erinnern, die alle ihren Sinn haben.

So isst man zum Beispiel in der Adventszeit gern Nüsse. Das ist kein Zufall, denn das darin enthaltene Fett ist hochwertig und reich an Mineralstoffen wie Calcium, Phosphor und Eisen. Nüsse enthalten außerdem hochwertiges pflanzliches Eiweiß.

Haselnüsse wachsen in Deutschland, ganz Europa und Asien. Haelsträucher finden Sie in vielen Hecken, sie können bis zu drei Metern hoch werden. Aus den gegabelten Zweigen der Sträucher werden Wünschelruten gemacht. Das Haselnussöl steigert die Fruchtbarkeit und enthält bis zu 90% ungesättigte Fettsäuren.

Walnüsse kommen zwar aus Mittelasien, sind jedoch inzwischen auch bei uns zu Hause. Karl der Große hat den Anbau der schönen Bäume seinerzeit gefördert, weil die Nüsse so gesund sind. Walnüsse enthalten viel Vitamin E, 75% ungesättigte Fettsäuren und viel Eiweiß.

Erdnüsse kommen ursprünglich aus Brasilien, werden heute jedoch in den USA, Westafrika, China und Indien angebaut. Die gelben Blüten der Erdnusspflanze dringen nach dem Verblühen in die Erde ein, wo sich die Nüsse bilden. Um genießbar zu werden, muss man sie rösten. Sie enthalten 15 % Linolsäure, wirken anregend auf den Hormonhaushalt, das Gehirn und den Darm.

Mandeln sind mit Aprikosen und Pfirsichen verwandt. Kauft man sie mit ihrer holzigen Schale, ist diese Verwandtschaft leicht zu erkennen. Im Frühling trägt der Baum, der nur in wärmeren Gegenden gedeiht, wunderschöne rosafarbene Blüten. Während bittere Mandeln die gefährliche Blausäure enthalten, sind süße Mandeln magenberuhigend, enthalten bis zu 26% Linolsäure und wertvolle Eiweißstoffe. Aus gemahlenen Mandeln, Rosenwasser und Traubenzucker wird Marzipan hergestellt. Das kaltgepresste, zartduftende Mandelöl wird gern zur Baby- und Kindermassage verwandt und ist auch für Erwachsene mit trockener Haut sehr gut geeignet.

Paranüsse kommen aus dem Regenwald des südamerikanischen Amazonas zu uns. Sie wachsen an hohen Bäumen in Kapseln, in denen die einzelnen Nüsse gemeinsam liegen.

Die unterschiedlichen Formen und Farben der Nüsse bieten Gelegenheit, kleinen Kindern vielfältige Sinneserfahrung zu ermöglichen. So können Sie zum Beispiel verschiedene Nüsse in ein Säckchen legen und das Kind fühlend erraten lassen, um welche Nuss es sich handelt. Anschließend werden die Nüsse geknackt. Kann Ihr Kind mit geschlossenen Augen riechen, welche Art geschälte Nuss es vor sich hat? Sie können auch einige Nüsse auf einem Tuch ausbreiten und sie betrachten lassen. Dann nehmen Sie, während Ihr Kind sich umdreht, eine Nuss weg. Welche fehlt? Als Nächstes sind Sie an der Reihe …

Ähnliche Spiele lassen sich auch mit Äpfeln durchführen. Äpfel sind so gesund, dass ein englisches Sprichwort sagt: »One apple a day keeps the doctor away.« Jede Apfelsorte hat einen besonderen Geruch. Findet Ihr Kind den heraus?

Mit Äpfeln, Mandarinen, Orangen und Nüssen lassen sich wunderschöne Mandalas legen. Auf einem schlichten runden Teller oder in einer flachen Schale oder Korb beginnen Sie einfach, den Mittelpunkt mit einer Mandarine oder einem Apfel festzulegen. Bestimmt werden ihre Kinder motiviert sein, den Rest des Tellers schmückend auszugestalten.

Gewürze

Wenn die letzten Rosen verblüht sind, beginnt glücklicherweise die Adventszeit mit ihren Hunderten von Düften. Unsere immergrünen Bäume duften köstlich, Zitronen, Orangen und Clementinen hellen mit ihrem Duft unser Gemüt auf, und die typischen Adventsgewürze kommen aus fernen Ländern zu uns. Genau wie die Weihnachtsgeschichte würdigt man allmählich wieder die Heilkraft dieser natürlichen Gaben und erkennt

immer deutlicher die allergene Wirkung künstlicher Aromastoffe.

Zimt wird, wie man den ganzen Zimtstangen noch ansehen kann, aus duftender Baumrinde gewonnen. Der in Ceylon wachsende Zimtbaum gehört zur Gattung der Lorbeergewächse und wird bis zu 20 m hoch. Zimt ist eines der ältesten Gewürze der Welt und spielte schon vor 4000 Jahren eine Rolle im Handel. Zimt wirkt kreislaufanregend, durchblutungsfördernd und verdauungsanregend, außerdem antiseptisch und pilzabweisend.

Vanille ist die Frucht einer Orchideengattung, die in Madagaskar, Mexiko, Uganda und Guatemala beheimatet ist. Die Schlingpflanze wächst mit dicken Blättern an Bäumen und bildet aus den Blüten die »Vanilleschoten«, die jedes Kind einmal ganz gesehen haben sollte. Vanille wirkt pilztötend und entzündungshemmend und wurde bereits von den Azteken zu Heilzwecken benutzt. Der köstliche Duft wirkt beruhigend und ausgleichend auf das Nervensystem.

Nelken oder *Gewürznelken* sind kleine ungeöffnete Blütenknospen eines kleinen immergrünen Baumes auf den Molukken. Er zählt zur Familie der Myrtengewächse. Nelken haben blutreinigende, schmerzstillende, beruhigende und verdauungsfördernde Wirkung und regen den Appetit an. In der Weihnachtszeit ist es besonders wohltuend, Apfelsinen mit ganzen Nelken zu spicken und mit schönen Bändern in die Wohnung zu hängen. Beim traditionellen Winteressen mit Rotkohl darf das Nelkengewürz nicht fehlen.

Wissen Sie, wo »der *Pfeffer* wächst«? In Südwestindien, Indonesien, Malaysia und Brasilien an grünen Sträuchern.

Pfeffer wirkt schmerzlindernd, antiseptisch und krampflösend, hilft bei niedrigem Blutdruck, Sodbren-

nen, Verstopfung und Durchfall. Er sollte stets frisch gemahlen benutzt werden.

Piment ist mit der Nelke verwandt und ebenfalls ein Myrtengewächs, dessen getrocknete Beerenfrüchte gemahlen z.B. in Curry, aber auch Lebkuchen enthalten sind. Es wirkt harmonisierend auf die Verdauungsorgane und senkt den Blutdruck.

> *Früchtepunsch für Adventsrituale*
>
> Mischen Sie Apfelsaft, Orangensaft, Holundersaft und Früchtetee nach eigenem Geschmack. Fügen Sie etwas Zitronensaft, eine oder mehrere Zimstangen sowie Nelken hinzu und erhitzen Sie die Mischung, ohne sie zu kochen. Eventuell mit Honig süßen.

Nach innen gehen

Die Natur hat sich in sich selbst zurückgezogen. Die Sonne scheint selten und kurz. Und wir? Wer so tut, als könne er weitermachen wie immer, wird früher oder später krank werden. Wir brauchen mehr Ruhe und Stille in dieser dunklen Zeit, Pausen und Besinnung. Die Adventsspirale, wie sie in den Waldorfkindergärten gegangen wird, gibt uns Möglichkeit, Einkehr im wahrsten Sinn zu halten, wortwörtlich nach innen zu gehen.

Wir benötigen für dieses stille Ritual einen freien Platz, draußen oder drinnen. Auf ihn legen wir eine Spirale aus Tannenzweigen, so groß, dass wir bequem hindurchschreiten können. In der Mitte steht eine große Kerze, die mit Kristallen geschmückt werden kann. Jeder Teilnehmer hat eine Kerze, die noch nicht angezündet ist. Sehr schön sind Apfellichter. Dazu werden rote Äpfel poliert und mit einem Apfelausstecher mit einem

Loch versehen. Das Loch sollte nicht zu tief sein. Hierein kommt eine Kerze, die mit einer Tannengrünspitze oder Goldfolienrosette umgeben sein kann. Alle stehen im Kreis um die Spirale. Nacheinander geht einer nach dem anderen den Weg zur Mitte, zündet seine Kerze an und stellt sie an einen zuvor mit einem Goldstern markierten Platz auf der Spirale. So wird das Licht symbolisch nach außen getragen, nachdem wir zuerst nach innen gingen. Den Abschluss könnte ein Spruch oder ein Lied bilden:

> *In der dunklen Nacht*
> *Ist ein Stern erwacht,*
> *Leuchtet hell am Himmelszelt,*
> *Schenkt sein Licht der ganzen Welt.*
> *In der dunklen Nacht*
> *Ist ein Stern erwacht.*
>
> (aus: Jaffke, Freya: Feste im Kindergarten und Elternhaus 3.A.1997)

Aus Taizé stammt der folgende Kanon:

> *Im Dunkel unsrer Nacht*
> *entzünde das Feuer,*
> *das niemals verlöscht,*
> *das niemals verlöscht.*
> *Im Dunkel unsrer Nacht*
> *entzünde das Feuer,*
> *das niemals verlöscht,*
> *das niemals verlöscht.*

Adventskalender

Die Idee, die vierundzwanzig Tage bis Weihnachten und das Warten auf das Christkind mit einem besonderen Kalender zu veranschaulichen, ist wunderschön.

Was heute kommerziell daraus gemacht wird, verdirbt allerdings oft die besondere Adventsstimmung. Vielleicht wollen Sie in diesem Jahr das kleine Kalenderritual anders gestalten? Machen Sie doch – vielleicht gemeinsam mit Großeltern oder Paten – einen ganz besonderen Kalender für Ihre Familie. Die 24 Päckchen werden an einer Stroh- oder Bastschnur aufgehängt, die noch mit kleinen Zweigen oder Sternen geschmückt werden kann.

Wenn Sie beim Abschneiden eine bestimmte Reihenfolge vorgeben, können Sie die Päckchen für jedes Kind ganz individuell und speziell gestalten. Dies empfiehlt sich besonders bei Geschwistern, zwischen denen viel Konkurrenz herrscht. Mit besonderen Geschenken kann man die Fähigkeiten eines jeden Kindes hervorheben, z.B. indem man Briefchen in die Päckchen packt oder Gutscheine für gemeinsame Aktivitäten.

Wenn Sie Großeltern oder Paten haben, die Ihnen gern eine Freude machen: Überlassen Sie diesen die Gestaltung eines Adventskalenders für die ganze Familie. Abwechselnd kann jeder ein Päckchen abschneiden, in dem etwas für alle ist. Eine Tafel Schokolade, Konzertkarten, Einladung zum Adventstee, ein einfaches Rezept für Kekse, die besonders lecker sind, ein Gutschein für Kinderbetreuung, eine Einladung zum Sonntagsessen oder ein Gutschein über ein Vorlesebuch für alle.

Die Adventssonntage

Die vier Sonntage vor Weihnachten sind ganz besondere Tage. Zum Frühstück steckt das jüngste Kind der Familie die erste Kerze an. Dazu kann folgender Spruch gesagt werden:

> *Ich zünde die erste Kerze an,*
> *Damit es jeder sehen kann.*
> *In unserem Hause ist Advent,*
> *Das Licht in unsern Herzen brennt.*

Vielleicht möchten Sie gemeinsam mit Ihren Kindern in die Kirche gehen oder ein vorweihnachtliches Konzert besuchen, vielleicht aber auch zu Hause in Ruhe Sterne basteln oder Geschenke vorbereiten. Besonders schön ist das gemeinsame Singen oder Musizieren. Es macht nicht nur Spaß, sondern entspannt auch ungemein. Auch Spaziergänge, auf denen man etwas Besonderes entdecken kann, machen jüngeren Kindern Freude. Wer findet zum Beispiel kleine Zapfen, die man vergolden und an den Weihnachtsbaum hängen kann, oder wer entdeckt in einem Fenster eine brennende echte Kerze?

Adventssonntage laden zum Ausruhen und Entspannen ein. Das findet in meiner Familie besonders in den Abendstunden statt. Auf dem Tisch liegt eine besondere Tischdecke in Dunkelrot, eine Farbe, die sonst selten in unserer Wohnküche zu sehen ist. Wir versammeln uns dann bei besonderem Adventstee oder Holundergühpunsch ohne Alkohol dort, wo der Adventskranz hängt, essen Mandarinen, Nüsse und Lebkuchen und hören eine lange Geschichte und Weihnachtsmusik.

Der Weg zur Krippe

Die Gestaltung von Jahreszeitentischen, wie wir es aus der Waldorfpädagogik kennen, ist eine schöne und einfache Möglichkeit, Kinder an die Natur und ihre guten Mächte heranzuführen. Für die Adventszeit gibt es ein besonderes Ritual, das den Weg zur Krippe veranschaulicht. Wählen Sie eine Kommode oder einen kleinen Tisch aus, der für die Adventszeit besonders gestaltet wird. Bedecken Sie diesen Tisch mit einem besonderen einfarbigen Tuch, auf dem der Weg nach Bethlehem gestaltet werden soll. Am Vorabend des ersten Dezember stellen Sie vierundzwanzig Teelichter auf, die den Weg zur Krippe beschreiben. Aus gefundener Baumrinde und Moos improvisieren Sie einen Stall als Ziel des Weges. In der Abenddämmerung des ersten Dezember entzündet Ihr Kind die erste Kerze, am zweiten Dezember die zweite und so fort. Überlegen Sie gemeinsam mit Ihren Kindern, wie die Landschaft weiter geschmückt werden kann und welche Menschen und Tiere sich auf den Weg dorthin machen. Sie benötigen hierzu keine teuren Krippenfiguren, sondern können diese gemeinsam aus Ton oder Knete selber herstellen. Wenn sie über der Landschaft ein blaues Seidentuch als Himmel befestigen, kann an jedem Tag ein Stern mehr hinzukommen. Die Figuren werden jeden Tag ein wenig näher an die Krippe herangerückt. Und am 24. Dezember liegt das Jesuskind im Stall. Tag für Tag werden die Kerzen angezündet und die Kinder dürfen entdecken, was über Nacht neu dazukam; dazu kann man eine Geschichte erzählen und Lieder singen. Damit schaffen Sie Ihren Kindern unvergessliche Erinnerungen.

Der poetische Nikolausstiefel

Dass man am fünften Dezember seine Schuhe gründlich putzt und am Abend vor die Tür stellt, weiß wohl jedes Kind. Schließlich kommt in dieser Nacht der Nikolaus, und über seine kleinen, überraschenden Gaben freuen sich alle Kinder. Kluge Eltern bedenken, dass weniger mehr ist und dass ein Tannenzweig und eine kleine Kerze die Freude erhöhen. Obwohl es heißt, dass der Nikolaus »die Großen laufen lässt«, finde ich es wunderbar, dass auch mein Schuh jedes Jahr liebevoll gefüllt ist. Wäre es nicht sinnvoll, den in der Vorweihnachtszeit oft gestressten Eltern einen lieben Gruß, eine nette Kleinigkeit oder ein schönes Gedicht in den Schuh zu legen?

Bei Hanna, die mit vielen Menschen auf einem Demeter-Hof arbeitet, wurde dieses Jahr ein sauber gewaschener Gummistiefel mit einer wunderbaren gold-roten Schleife versehen. In ihn hatten alle dort lebenden Menschen ein Gedicht oder einen Spruch ihrer Wahl hineingeworfen. Am Nikolausabend kamen alle bei Kerzen, Keksen und Apfel-Orangen-Glühpunsch zusammen und zogen nacheinander ein Gedicht aus dem Stiefel. Reihum wurde nun jedes Gedicht vorgelesen. In den dazwischen liegenden Pausen wurde geschwiegen.

Leise, leise, mucksmäuschenstill

»Stille Nacht, heilige Nacht«, heißt es in dem bekannten Lied. Leider ist die Adventszeit oft alles andere als still. In unseren eigenen Räumen können wir jedoch selber entscheiden, was uns gut tut. Benutzen Sie doch laute Küchenmaschinen, Staubsauger und ähnliche Geräte nur am Vormittag. Dann haben Sie nachmittags die Möglichkeit für ein kleines Ruheritual auf dem Sofa

oder Teppich. Zünden Sie eine Duftlampe mit einem entspannenden Duft an oder legen Sie Mandarinenschalen auf die Heizung. Zünden Sie eine Kerze an und sprechen Sie langsam und ruhig ein Gedicht oder singen ein ruhiges Lied. Lassen Sie Ihr Kind sich ankuscheln und streicheln Sie es ruhig, ohne Ihr Gedicht zu unterbrechen.

Leise, leise,
Mucksmäuschenstill
Gehen
Weihnachtswichtel
Im Advent
Auf die Reise.
Wer sie hören will,
Der sei still,
Ganz still.

Leise,
Leise,
Mucksmäuschenstill
Flüstern
Weihnachtswichtel
Im Advent
Auf ihrer Reise.
Wer lauschen will,
Der sei still,
Ganz still.

Leise,
Leise,
Mucksmäuschenstill
Trippeln
Weihnachtswichtel
Im Advent

Auf ihrer Reise
Zu Vater, Mutter, Kind.
Wer ihre Spuren
Entdecken will,
Der sei still,
Ganz still.

Leise,
Leise,
Mucksmäuschenstill
Tragen
Weihnachtswichtel
Im Advent
Etwas mit sich
Auf der Reise:
Bunte Pakete sind's,
Wer sie haben will,
Der sei still,
Ganz still.

Der erste Stern

Am Himmel glänzt, ganz hell und fern,
der allererste Abendstern.
Rings um ihn ist dunkle Nacht,
der Stern hält stolz die Abendwacht.

Er schaut zur Erde, auf jedes Tier,
blickt auf die Häuser, schaut auch zu dir.
Er schickt mit seinem Silberschein
dir gute Wünsche ins Haus hinein.

Und naht die liebe Weihnachtszeit,
trägt er sein schönstes Silberkleid

und hält für dich am Himmelsbaum
bereit den schönsten Weihnachtstraum.

Steig auf den Silberschein zum Baum,
und pflücke dir dort einen Traum.
Der Stern strahlt dir auf deiner Reise.
Schließ die Augen, sei ganz leise ...

Im Kerzenschein

Die kleine Kerze im Advent,
wie warm und leuchtend sie doch brennt.
Sie wünscht sich ganz genau wie du
ein wenig Stille, ein wenig Ruh.

Mit ihrem hellen ruhigen Schein
Will sie ein Weihnachtsgruß uns sein.
Träumt die Kerze einen Traum?
Träumt sie vom Licht am Weihnachtsbaum?
So leise wie die Kerze brennt,
so still wünsch ich mir den Advent.
Und träumte still im Kerzenschimmer
vom Tannenbaum und Weihnachtszimmer.

(Alle drei Gedichte sind aus dem Buch: Renate Ferrari: Spür die Stille im Advent, Ein Besinnungs- und Ideenbuch für Eltern und Kinder, Freiburg 1999)

Briefe an den Weihnachtsmann

Kleine Kinder möchten dem Weihnachtsmann sicherlich ihre Wünsche mitteilen. Größere schreiben gern selber einen Wunschzettel. Beim Licht der Adventskerzen, an einem großen gemütlichen Tisch können Sie

an Adventssonntagen oder in den Abendstunden gemeinsam Weihnachtspost erledigen. Zeigen Sie Ihren Kindern, wie man einfache Klappkarten aus Tonpapier faltet und mit Buntstiften bemalt, mit Goldsternen schmückt oder mit einem schönen Bild, das vielleicht aus einer schon vorhandenen Sammlung stammt und schön ausgeschnitten und aufgeklebt wird, liebevoll gestaltet.

Wem könnte man in der Weihnachtszeit mit einem netten Gruß eine Freude machen? Bedenken Sie, dass solche »Kartenaktionen« allen Spaß machen und nicht in Stress ausarten sollten. Also: Auch hier ist weniger mehr.

Wahrscheinlich bekommen Sie auch selber Weihnachtskarten geschickt. Ich befestige in jedem Jahr ein goldenes Band über dem Türrahmen zum Weihnachtszimmer und hänge nach und nach alle Weihnachtskarten mit Holzwäscheklammern da dran. So können wir alle jeden Tag sehen, wer liebevoll an uns gedacht hat.

Der heilige Abend und Weihnachten

Wenn Weihnachten Stress und Krise bedeutet, ist irgendetwas falsch gelaufen.

Sie müssen nicht perfekt sein! Sie dürfen sich Hilfe holen und lieber etwas Einfaches kochen als bei einem Festmenü mit acht Gängen zusammenzubrechen.

Es lohnt sich, gemeinsam zu planen, wen man zu Weihnachten einladen möchte und wen nicht. Wer übernimmt welche Aufgaben? Und wie soll das Weihnachtsritual gestaltet werden?

Sicherlich wird man diese Fragen nicht mit kleinen Kindern besprechen. Jugendliche sollten aber mindestens mitreden dürfen.

Ich habe sehr schöne Erinnerungen daran, wie mein Vater mit uns Kindern vor der Bescherung immer einen langen Spaziergang machte. Am Nachmittag, in der einsetzenden Dämmerung durch den Wald, einen Park oder stille Straßen zu gehen, dämpft die Aufregung und steigert die Vorfreude. Und gerade jetzt gibt es ja so viel zu sehen und zu entdecken.

Wichtig für mich ist auch, dass die »Weihnachtsstube« geschlossen bleibt, bis ein Glöckchen erklingt und sich alle um den Weihnachtsbaum, der unbedingt richtige Kerzen haben muss, versammeln. Wir hören dann immer gemeinsam den ersten Teil des Weihnachtsoratoriums von Bach und singen auch selber einige Lieder. Das Weihnachtsevangelium nach Lukas fand ich selbst in meiner »atheistischen Phase« so schön, dass ich niemals darauf verzichten wollte, es vorzulesen. Erst danach werden die Geschenke ausgepackt.

Da die Kinder nun älter sind, haben wir beschlossen, uns in Zukunft am heiligen Abend ganz auf die Familie und unseren Besuch zu konzentrieren und die Geschenke erst am nächsten Tag gemeinsam auszupacken.

Ganz schade finde ich es, wenn in Familien der Weihnachtsbaum schon Tage vorher steht und die elektrischen Kerzen den ganzen Tag brennen. Dadurch wird den Kindern sehr viel Zauber und Wunder genommen.

In einer mir bekannten Familie sucht am heiligen Abend jedes Kind sein Licht. Dazu werden in der Adventszeit einfache Gläser (z.B. von Honig) mit farbigem Seidenpapier beklebt. Schon ganz kleine Kinder können dabei mitmachen. Als Klebstoff eignet sich am besten angerührter Tapetenkleister. In diese Gläser kommt ein Teelicht. Am heiligen Abend versammeln sich die

Kinder in ihrem Zimmer. Im ganzen Haus geht das Licht aus. Im Dunklen sucht nun jedes Kind sein von den Eltern verstecktes und jetzt brennendes Licht und trägt es in die Weihnachtsstube zum Weihnachtsbaum.

Das Essen sollte am heiligen Abend eher einfach sein oder sich gut vorbereiten lassen. Ein liebevoll gedeckter Tisch und eine schöne Atmosphäre sind viel angemessener als ein aufwendiges Menü.

Gerade an Weihnachten sollte die Freude im Mittelpunkt stehen. Wenn Sie sich fragen, wie das am besten zu gewährleisten sei: Veranstalten Sie doch im November eine Familienkonferenz, um diese Fragen zu klären.

Übrigens: Seinen Namen hat das Fest von den »geweihten Nächten«, die es schon vor Christi Geburt gab. Das Wort »wjh« bedeutet heilig und wurde im Mittelhochdeutschen zu »wihen nachten«.

Zwischen Mond- und Sonnenjahr ergibt sich ein Unterschied von 11 Tagen und 12 Nächten, denn die Erde dreht sich 365 mal um ihre Achse, während sie die Sonne umkreist, der Mondumlauf beträgt von Vollmond zu Vollmond 29,5 Tage; mal 12 sind das 354 Tage. Während das Jahr nach unserer Zeitrechnung am 1. Januar beginnt, endet das Mondjahr am 21. Dezember: Es folgt die Zeit »zwischen den Jahren«, die »heiligen Nächte« oder »Raunächte«. Sie lassen sich den zwölf Tierkreiszeichen, den 12 Edelsteinen aus der Offenbarung des Johannes und den entsprechenden 12 Märchen zuordnen. Auch wenn Sie an diesen Abenden nur eine Kerze anzünden, sich an die Wiederkehr des Lichtes erinnern und Ihren Kindern ein Märchen vorlesen, werden Sie den besonderen Zauber dieser Nächte spüren.

Der Abend kommt von weit gegangen
Durch den verschneiten leisen Tann.
Dann presst er seine Winterwangen
An alle Fenster lauschend an.
Und stille wird ein jedes Haus;
Die Alten in den Sesseln sinnen.
Die Mütter sind wie Königinnen,
Die Kinder wollen nicht beginnen
Mit ihrem Spiel. Die Mägde spinnen
Nicht mehr. Der Abend horcht nach innen,
Nur innen horchen sie hinaus.

Rainer Maria Rilke

Jahreswechsel

Der letzte Tag im Jahr ist nach einem Papst Silvester benannt, der im Jahre 335 am 31.Dezember starb. Den Jahreswechsel zu genau diesem Datum gibt es jedoch erst seit 1691, eingeführt von Papst Innozenz XII. Obwohl sich dieser Kalender weltweit durchgesetzt hat, feiert man in der jüdischen, der islamischen, buddhistischen und auch der hinduistischen Religion den Jahreswechsel zu anderen Terminen. Dies sei auch allen Eltern zum Trost gesagt, die vielleicht bedauern, dieses Fest allein zu Hause mit ihren Kindern verbringen zu müssen.

Nachdem unsere Kinder nun zum Teil schon erwachsen sind, betonen die jüngeren immer wieder, dass sie Silvester zu Hause und »wie immer« mit uns feiern wollen. Unbemerkt hatte sich ein Ritual herausgebildet, das zumindest den Kindern sehr gut gefällt. Es besteht aus einem ausgedehnten, besonders guten Menü, gemeinsamen Spielen und »Orakeln«.

Bei den Spielen richten wir uns nach dem Alter der Jüngsten und natürlich nach der Anzahl der Teilnehmer. Viele sehr amüsante Gesellschaftsspiele erlauben nur fünf oder sechs Mitspieler, und wenn wir – wie oft – auch Besuch mit Kindern haben, kommen etliche Brettspiele nicht mehr in Frage. Allerdings kann man auch Erwachsene und kleine Kinder gemeinsam spielen lassen.

Eine sehr gute Planung ist für den Ablauf unbedingt wichtig. Das bedeutet für mich nicht, detailliert und mit der Uhr vorzugehen, sondern flexibel zu sein und für eine Menge vorbereiteter Überraschungen zu sorgen, Spiele sorgfältig auszuwählen und zum Beispiel eine witzige Menü-Karte zu entwerfen oder sogar den Ablauf des Abends wie eine Speisenfolge festzulegen.

Bleigießen sowie eine stille Besinnungsphase und das Aufschreiben von Wünschen für das kommende Jahr gehören für mich unbedingt dazu.

Mit älteren Kindern kann man auch Karten ziehen oder legen. Hierzu benutzt man entweder die Engelkarten aus Findhorn oder selbst hergestellte Karten, auf denen wichtige Begriffe und Eigenschaften stehen, die einem im neuen Jahr von Nutzen sein können, z.B. Dankbarkeit, Geduld, Überlegung, Langsamkeit, Heiterkeit, Stärke, Mut, Humor etc.

Gute Erfahrungen haben wir auch mit den »Karten der Kraft« von Jamie Sams und David Carson gemacht (Wildpferd Verlag). Dort zieht man Tiere und kann dann in einem Büchlein über die Eigenschaften des Tieres nachlesen und erhält Hinweise, diese zu nutzen. Zum Jahrtausendwechsel habe ich die Antilope gezogen, die für Tatkraft und Handlungsfähigkeit steht. Am ersten Januar verspürte ich plötzlich einen Drang, mich ausgiebig um alle Topfpflanzen im Haus zu kümmern, was ich

dann auch mit Hingabe tat. Vielleicht hat mir die Antilope dabei geholfen.

Ein sehr nettes und einfaches Orakel-Spiel besteht aus Pappsymbolen, die man selber herstellt und mit einem Pfennig-Stück beklebt. Aus einfachen Rundhölzern und Schnüren erhält jeder Teilnehmer eine selbst gefertigte Angel, an deren Ende ein Magnet befestigt ist. Die Symbole werden nicht sichtbar auf den Tisch gelegt, indem man sie zum Beispiel mit einem Zylinder aus Tonpapier o.ä. verdeckt oder in einen hohen Karton legt. Jeder angelt sich nun ein oder mehrere Symbole heraus, die im kommenden Jahr von Bedeutung sein werden: ein rotes Herz für Liebe, einen Koffer für Reisen, einen Schuh für Wanderungen, ein Gesicht für die Begegnung mit einem Menschen etc.

Sehr eindrucksvoll ist auch ein großes Feuer im Freien, in das wir – gemeinsam mit wohlriechenden, getrockneten Kräutern – unsere Wünsche für das kommende Jahr verbrennen, damit sie als Rauch ins Universum aufsteigen und erhört werden.

Wie auch beim Weihnachtsfest ist es wichtig, die Last der Festvorbereitungen auf mehrere Schultern zu verteilen. Schulkinder können ganz sicher auch eigene Beiträge zum Fest liefern und sei es nur, dass sie heimlich üben, einen Witz wirklich gut zu erzählen.

Fest der Heiligen drei Könige

Ob es sich nun um drei weise Männer, Sterndeuter oder Könige gehandelt hat – die biblische Geschichte nach Matthäus erzählt, dass sie einen bedeutenden Stern sahen und sich auf den Weg machten, um

ein Kind zu finden. Und da ist auch von König Herodes die Rede, bei dem sie anfragten, ob er den neugeborenen König kenne. Nein, er wisse von keinem König, aber falls einer gefunden würde, solle man ihn benachrichtigen, er wolle ihm auch huldigen. Tatsächlich beabsichtigte er, dieses Kind zu töten, um alleiniger Herrscher bleiben zu können. Wie wir wissen, fanden die drei Männer den Stall von Bethlehem und brachten dem Jesuskind Gold, Weihrauch und Myrrhe, die kostbarsten Güter, die es zu damaliger Zeit gab. Im Traum aber erhielten die Weisen die Botschaft, nicht zu Herodes zurückzukehren.

Ich finde diese Geschichte so zeitlos beeindruckend, dass ich sie sehr gern erzähle oder vorlese.

Die nachstehende Fantasiereise kann am Dreikönigstag daran erinnern, dem eigenen Stern zu folgen.

In vielen Gegenden verkleiden sich Kinder am Dreikönigstag und ziehen als Sternsinger von Haus zu Haus. Mit geweihter Kreide schreiben sie die Buchstaben C+M+B, eingerahmt durch die jeweilige Jahreszahl, über die Haustür. Das sind nicht nur die Anfangsbuchstaben von Caspar, Melchior und Balthasar, sondern bedeutet »Christus Mansionem Benedicat«: Christus möge das Haus segnen!

Auch wenn sich Ihr Kind nicht als Sternensinger verkleiden mag: Eine goldene Krone sollte jedes Kind einmal haben dürfen. Aus festem Goldpapier, das noch mit Juwelen aus Pralinenpapier bestückt werden kann, lässt sie sich leicht herstellen.

Folge deinem Stern

Mach es dir ganz bequem und beginne früher oder später, auf deinen Atem zu achten ... wie er kommt und geht, ganz von allein ... und stell dir vor, dass du

mit jedem Ausatmen alle Gedanken und Sorgen einfach ausatmest ... und nun stell dir vor, dass du in einer sternklaren Nacht zum Himmel aufschaust ... sieh all die verschiedenen Sterne ... und plötzlich bemerkst du, dass ein Stern dir zublinzelt, ja, dass er dir winkt ... und du weißt: dies ist dein Stern ... und du wirst ihm folgen ... lange, lange wanderst du ... und du kannst dich überraschen lassen, wie die Landschaft aussieht, durch die du wanderst ... und welche Beschaffenheit dein Weg hat ... Dein Stern zeigt dir den Weg ... (lange Pause) ... und du kannst dich überraschen lassen, wohin dein Stern dich führt ... vielleicht zu deinem Ziel oder deiner Aufgabe, vielleicht an einen besonders schönen Ort, wo es dir einfach gut geht ... nimm alles wahr, was dort ist ... (lange Pause) ... und dann bedanke dich bei deinem Stern, verabschiede dich ... und komm in deinem eigenen Tempo hierher zurück in den Raum, fang an, deine Hände und Füße zu bewegen und dich zu recken und zu strecken, und sei wieder hier, erfrischt und wach.

Fasching und Fastenzeit

Eigentlich brauchen Kinder kein besonderes Faschingsfest, denn sie schlüpfen ständig in andere Rollen und verkleiden sich das ganze Jahr über. Das schöne am Fasching ist jedoch, dass sich zur Faschingszeit alle verkleiden – auch die Erwachsenen – und dass gemeinsam gefeiert wird, zumindest in Kindergarten und Schule. Beim Faschingsfest ist alles ganz anders als sonst und jeder darf aus seiner gewohnten Haut fahren. Gar nicht so einfach, was?

Ganz besonders schön ist die thematische Ausgestaltung von Räumen, die die Kreativität von Kindern und Erwachsenen herausfordert. So kann sich der Kindergarten in einen Wald, die Schule in ein Aquarium verwandeln, in dem allerlei Wasserwesen unterwegs sind.

Bestimmte Spiele machen verkleidet besonders Spaß: der Stop-Tanz zum Beispiel, wenn man mitten in der Musik unterbrochen wird und in der gerade eingenommenen Geste verharren muss, oder »Mein rechter Platz ist leer«, wenn sich alle einen neuen Namen gewählt haben und dieser genannt werden muss.

Meine Tochter wird jedes Jahr zu einer Familie eingeladen, die aus Süddeutschland kommt und eine besondere Beziehung zum Fasching hat. Sie freut sich sehr darauf, denn es gibt dort die Möglichkeit, das eigene Kostüm mit diversen Tüchern und Requisiten aufzubessern oder zu verändern. Es werden dort auch immer dieselben Spiele gespielt: Brezeln schnappen zum Beispiel, und es gibt allerhand Leckereien.

Aschermittwoch und Fastenzeit

Der Aschermittwoch ist der erste Tag der Fastenzeit. Wissen Ihre Kinder, was Asche ist? Im Zeitalter von Zentralheizungen ist das gar nicht so selbstverständlich – zumindest bei Nichtrauchern. In katholischen Kirchen haben Priester an diesem Tag eine Schale mit Asche der verbrannten Palmzweige des Vorjahres und zeichnen mit gesegneter Asche ein Kreuz auf die Stirn und sprechen die Worte: »Bedenke, Mensch, dass du Staub bist und wieder zum Staub zurückkehrst.«

Ich finde dieses Ritual sehr eindrucksvoll und glaube, dass es uns allen gut tut, uns mit Asche und Vergänglichkeit zu beschäftigen.

Asche ist nicht nur ein Zeichen der Reue und Buße. Sie ist auch ein Reinigungsmittel, besitzt Heilkraft (die Asche von Lindenholz wird bis heute in Apotheken gegen Durchfall verkauft) und lässt neues Leben entstehen, wenn sie in die Erde gegeben wird.

In fast jeder Religion gibt es eine Fastenzeit. So fasten alle Muslime im Rhamadan während der Tageszeit und beenden diesen Monat mit einem großen Fest.

In der christlichen Religion ist die Passionszeit die eigentliche Fastenzeit, von der allerdings kaum noch etwas spürbar ist. Fasten tun heute eher Frauen, die abnehmen wollen oder Menschen, die sich aus gesundheitlichen oder spirituellen Gründen vom Essen befreien möchten. Dieser freiwillige Entschluss ist dann nicht an eine besondere Zeit gebunden.

Heute wird die Fastenzeit innerhalb und außerhalb der Kirchen wieder zunehmend als Zeit des bewussten Verzichts gesehen. Verzichten bedeutet, mehr Frustrationstoleranz zu gewinnen und nicht gleich zu verzweifeln, wenn es im Leben einmal nicht nach Wunsch geht.

Durch diese Erfahrung wird das Selbstvertrauen gestärkt und jeder kann erfahren: es geht auch ohne.

Ohne was? Ich denke, jede Familie muss selbst entscheiden, auf was sie verzichten will. Vielleicht auf das Autofahren, weil es der Umwelt schadet? Vielleicht auf Süßigkeiten, weil sie ungesund sind? Vielleicht auf Fleisch, weil viele Tiere in Massentierhaltung dafür gequält werden? Vielleicht auf Fernsehen, weil man wieder mehr Zeit füreinander haben möchte?

Alle, die jemals gefastet haben, betonen immer wieder, was für eine wertvolle Erfahrung das war. Was uns zu-

nächst als Verzicht erscheint, kann bald zum Gewinn werden.

In einer Familienkonferenz könnten sie sich über die Fastenzeit unterhalten und ihr ganz spezielles Familien-Ritual entwickeln.

Ostereier bemalen

In die vorösterliche Zeit gehört für mich das Bemalen von Eiern. Seit wir eigene Hühner haben, ist es besonders reizvoll, die verschieden großen und verschieden farbigen Eier einzusammeln und zu bestaunen. Vielleicht kennen Sie Menschen, die Hühner halten und Ihnen sicherlich das Vergnügen verschaffen, Ihren Kindern die Eier zu zeigen. Fragen Sie zum Beispiel auf einem Bio-Hof in Ihrer Nähe nach. (Die Besichtigung einer »Hühnerfarm« mit Massentierhaltung ist kein Vergnügen!) Mit einer Nadel kratzen wir oben und unten ein kleines Loch in die Eierschale, und dann beginnt das Ausblasen: Wir pusten in das obere Loch und lassen so das rohe Ei in eine Schüssel fließen – wiederum sehr spannend für Kinder! Die so entstandenen zerbrechlichen Eier werden ausgewaschen und getrocknet. Bemalen lassen sie sich auch schon von kleinen Kindern mit Tusche, Aquarell- oder Seidenmalfarben. Letztere sind besonders farbintensiv. Wenn Sie Wachsstifte über einer Kerze erhitzen und damit malen, ergeben sich neue Effekte. Einfach ist auch, Seidenpapier in kleine Stücke zu reißen und die Eier damit zu bekleben. Die fertigen Eier werden mit einem Faden versehen, indem man ein Streichholz teilt, eine Zwirnsfadenschlaufe daran befestigt und in das obere Loch steckt. Das Streichholz legt sich dann quer.

Aufhängen sollte man die Eier heimlich in der Nacht zu Ostern, so dass sie am Ostersonntag als Überraschung auf dem Tisch stehen.

Die Zweige dafür kann man auf einem Spaziergang mit den Kindern schon vorher im Wald schneiden – das ist viel schöner, als welche zu kaufen.

Gründonnerstag

Es ist ganz klar: An Gründonnerstag muss auch etwas Grünes gegessen werden.

Nach dem langen Winter sind die ersten frischen grünen Kräuter, die man draußen findet, nicht nur eine Delikatesse, sondern auch vitaminreich und gesund. Wir gehen also nach draußen und sammeln auf einem Spaziergang in einer von Autos verschonten Gegend Scharbockskraut, Löwenzahn, junge Brennnesseln und Giersch, der sich auch in jedem Hausgarten findet. Je nach Ertrag können wir noch gekaufte Petersilie und Schnittlauch dazunehmen.

Aus frisch gemahlenem Getreide wird eine einfache Mehlschwitze zubereitet, die mit gekörnter Brühe, Sahne und Kräutern zu einer leichten Suppe verarbeitet wird.

Wer sich mit einer befreundeten Familie zusammentut und später gemeinsam isst, kann das Abendmahl der Jünger vielleicht noch ein wenig nachempfinden.

Ganz besonders schön empfinde ich das *Fußwaschungsritual*, das ich mehrmals in einer Gruppe von Erwachsenen und Kindern miterlebte, das aber Mutter und Kind auch gut zu zweit ausführen können.

Ausgestattet mit je zwei Handtüchern, einer Schale warmen Wassers und einem Massageöl, setzen sich immer zwei schweigend zusammen. Zunächst wird ein

Fuß nach dem anderen im Wasser gewaschen und dann in ein Handtuch gewickelt. Anschließend werden die Füße nacheinander eingeölt und massiert, indem man sie streichelt und sehr sanft durchknetet. Wenn beide Füße behandelt wurden, gibt es eine kleine Pause, und dann werden die Rollen gewechselt.

Karfreitag und das Leid der Welt

Die Kreuzigung weckt in vielen Menschen heute Erinnerung an Angstmacherei, Sünden und Buße für Dinge, die Kindern eigentlich Freude machen, aber als Sünde galten oder gelten. Ich selber glaube nicht an einen strafenden Gott und halte das Leid für eine von Menschen geschaffene Realität.

Wir können jedoch nicht so tun, als gäbe es kein Leid – sollten allerdings auch nicht unnötig daran festhalten. Sich an eine Opferrolle zu klammern erscheint mir weit verbreitet.

Karfreitag steht für das Leid Christi, und jeder, der in diese Welt geboren wird, nimmt Leid auf sich. Mit der Geburt treten wir einen Weg an, der immer wieder von Leiden und Unglück gezeichnet ist. Liebe und Freude sind dagegen die Antriebskräfte allen Lebens. Wie schaffen wir Menschen es, dies immer wieder zu übersehen oder abzustreiten? Warum fühlen wir uns immer wieder so verlassen und machtlos?

Karfreitag ist ein guter Tag für ein Familiengespräch, in dem jeder von seinen Leiden, seinem ganz persönlichen »Kreuz« berichtet. Das Kreuzzeichen ist sehr viel älter als das christliche Kreuz. Es lohnt sich, mit Kindern verschiedene Kreuze zu malen und zu formen, z.B.

aus Ästen, Holz, Ton oder Stein, um die Form, die übrigens jedes Kind irgendwann spontan malt, sinnlich zu erfahren. Sie werden erleben, dass in der Mitte des Kreuzes die Dualität oder Ent-Zweiung überwunden ist. Die Trennung ist aufgehoben, hier finden wir die Einheit, die im keltischen Kreuz noch durch den Kreis hervorgehoben wird. So ist jedes Kreuz gleichzeitig ein Symbol des Todes und des Lebens.

Wir können unser Kreuz auf uns nehmen, wenn wir uns zu unserem Leid bekennen, z.B. indem wir es auf Zettel schreiben, um es dann später loszuwerden. Wir können unsere Leideszettel in einer Urne aufbewahren, die wir dann am Ostersamstag dem Feuer übergeben. Den Weg aus dem Leid muss jeder ganz allein gehen. Aber gibt es nicht Menschen, die einem dabei unterstützen und helfen können?

Nach einer Origami-Vorlage falten wir aus schwarzem Tonpapier Schachteln, in die wir Symbole, Bilder oder Texte legen, die unser Leid zum Ausdruck bringen. Es steht jedem frei, über sein Leid zu klagen oder es geheim zu halten. Alle kleinen Schachteln kommen in einen größeren schwarzen Leid-Karton und werden später verbrannt. Ein Klagegesang wirkt oftmals befreiend. Wir stellen uns Wölfe vor und heulen wie sie – jeder so schaurig wie er mag. Da ist keine Harmonie, nur Geschrei und Klagen. Aber – oh Wunder – irgendwann löst sich das Klagen von selbst auf, und man könnte fast meinen, die Engel sängen.

Ostern

Dies Eichen aus dem Hühnernest,
Das schenk ich dir zum Osterfest.

Auch wenn es Ostern manchmal noch schneit, spürt man trotzdem, dass der Frühling kommen will. Im Gegensatz zu Weihnachten wird Ostern nicht an einem bestimmten Datum gefeiert, sondern findet immer am ersten Sonntag nach dem Frühlingsvollmond statt. Seinen Namen hat das Fest wahrscheinlich von Eostra oder Ostara, einer germanischen Fruchtbarkeits- und Frühlingsgöttin. Der Sieg des Lebens über den Tod, der in der Natur jetzt deutlich zu bemerken ist, wird schon viel länger gefeiert als die Auferstehung Christi am Ostersonntag.

Auch dienen die bunten Eier seit vielen Jahrtausenden als Symbol für Fruchtbarkeit, Schöpfung und Neubeginn. Seit ich selber Hühner halte, weiß ich, dass diese in der Osterzeit tatsächlich mit zunehmendem Licht ganz besonders viele Eier legen. Was für eine Freude!

Übrigens bekommen fast alle Wildtiere um diese Zeit ihre Jungen, so auch die Häsin, die schon im März zwei bis drei kleine Häschen gebiert, die im Gegensatz zu Kaninchenkindern komplett mit Fell und geöffneten Augen auf die Welt kommen.

Der Osterhase hat wie das Fest eine Beziehung zum Mond. Wegen seiner nächtlichen Aktivität gilt er als Nachttier und Fruchtbarkeitssymbol. Andere Quellen betonen seine Rolle als Opfertier, denn Hasen werden ständig gejagt und gehetzt und haben – im Gegensatz zu Kaninchen – keine Höhlen, in die sie fliehen können. Sie werden erst seit Ende des 17. Jahrhunderts mit Ostern in Verbindung gebracht und 1682 in einem Buch von Georg Frank als »Ostereier-Leger« erwähnt.

Das Osterlamm dagegen hat seine Wurzel in uralter biblischer Tradition. Als Opfertier beim Pessachfest geht sein Ursprung noch in die vorbiblische Zeit zurück. Im 2. Buch Mose wird berichtet, das die Israeliten ihre Türpfosten mit Lammblut bestreichen sollten, um vor der tödlichen Bedrohung geschützt zu sein, die Gott mit der siebten Plage – der Tötung der Erstgeborenen – über die Ägypter brachte.

Die urchristliche Gemeinde hat das Bild des Lammes auf Jesus übertragen. Paulus schreibt im 1. Korintherbrief: »Auch wir haben ein Passalamm, das ist Christus, der geopfert ist.«

Heute kommt das Lamm als Braten oder Kuchen in Lammform auf den Ostertisch.

Das Geheimnis des Samenkorns

Wenn wir die Natur um uns herum bewusst wahrnehmen, können wir dem österlichen Thema Tod und Auferstehung immer wieder neu begegnen.

Im Samenkorn, das aus dem abgestorbenen Teil der Pflanze fällt, kommt dieses Geheimnis besonders sinnfällig zum Ausdruck.

Deshalb gehört es für mich zum festen Bestandteil der vorösterlichen Zeit, zu säen. Weil es für die meisten Pflanzen draußen noch zu kalt ist, hole ich Tontöpfe ins Haus, fülle sie andächtig mit Erde und säe hinein, was ich nach den Eisheiligen in den Garten setze: Sonnenblumen, Tomaten, Wicken ...

Als meine Kinder klein waren und wir nur einen Balkon hatten, durfte sich jedes in einem Holzkistchen einen eigenen Garten anlegen. In diesen Gärtchen wurden auch Wege angelegt, Steine platziert und sogar kleine Teiche geplant.

Den Frühling suchen

Um den Frühling zu suchen, muss man nicht unbedingt bis Ostersonntag warten, doch passt dieses Ritual sehr gut in diese Zeit: Die ganze Familie bricht auf, um in einem freien Stück Natur nach dem Frühling Ausschau zu halten. Zeigen Sie Ihren Kindern die Knospen an den Bäumen, die aufgegangenen Keime unter dem feuchten Herbstlaub des Vorjahres, die Spitzen von Tulpen oder Narzissen, die sich durch die gefrorene Erde bohren, die winzigen Rosetten des Löwenzahn und vielleicht die erste Fliege des Jahres. Und wer weiß, vielleicht finden Sie sogar eine Eierschale, aus der schon ein kleiner Vogel geschlüpft ist oder begegnen dem Osterhasen? Lassen Sie sich überraschen, welche Entdeckungen die Natur für Sie bereithält.

Moos finden

Eine Osterschale mit grünem Moos, auf das gefärbte Eier gelegt werden, ist jedes Jahr wieder schön. Wir können das Moos kurz vor Ostern auf einem Spaziergang im Wald entdecken und vorsichtig mit nach Hause nehmen.

Eine andere Möglichkeit ist, eine Woche vor Ostern Kresse auf Watte auszusäen. Wenn man diese Pflänzchen regelmäßig gießt, hat man zu Ostern einen grünen Teppich.

Getreidekörner brauchen ungefähr 10 Tage, bis sie zu grünem Rasen emporgewachsen sind. Genau wie Kresse kann dieses »Ostergras« auch gegessen werden.

Echtes Gras benötigt ungefähr 14 Tage, um einen grünen Teppich zu bilden, und sieht besonders fein aus.

Wichtig finde ich, die Osternester aus Moos, Weizen oder Kresse – sofern sie nicht aufgegessen wurden –

der Natur zurückzugeben. Gemeinsam mit den Kindern suchen wir den alten Platz auf oder finden einen geeigneten Ort, wo die Pflanzen weiter wachsen können.

Osterwasser holen

Man sollte es kaum für möglich halten: Selbst Schulkinder stehen für das Osterwasser freiwillig ganz früh auf, und kleine Plappermäuler schließen sich für Stunden, wenn es um Osterwasser geht. Am Ostersonntag vor Sonnenaufgang geschöpftes Quellwasser verfügt über besondere Heilkräfte – und es muss schweigend geholt werden.

Wir beteiligen uns nun schon seit Jahren mit mehreren Familien an diesem Ritual, und ich kann es nur weiterempfehlen. Es ist unglaublich schön, schweigend durch das Morgengrauen zu wandern, an einer Quelle zu stehen, vielleicht ein Gebet oder einen Segensspruch anzuhören und erst nach dem ersten Schluck wieder zu sprechen.

Osterfrühstück

> *Ich schenke dir ein Osterei –*
> *Wenn es zerbricht,*
> *So hast du zwei.*

Jede Illustrierte gibt Ihnen in dieser Zeit Anregungen für die Gestaltung des Osterfrühstücks. Für Kinder ist es besonders schön, wenn Sie auch zu Ostern immer wieder die gleiche Tischdecke benutzen, ganz bestimmte Eierbecher hervorholen, das besondere Brot backen, das es auch im vorigen Jahr gab, und die selbst bemalten Eier aus dem Kindergarten aufhängen.

In Griechenland beziehungsweise bei griechisch-orthodoxen Christen ist Ostern das größte Fest im Jahreskreis. In der Nacht zum Ostersonntag findet die heilige Messe statt, in deren Anschluss die Auferstehung mit Fackeln und Feuerwerk gefeiert wird. Später trifft sich die ganze Familie beim Grillen des Osterlammes.

Ähnlich wird auch in katholischen Kirchen in der Osternacht ein Gottesdienst gehalten. Ein besonderer Höhepunkt ist es, wenn die Osterkerze entzündet wird, an der jeder seine eigene Kerze anzünden darf.

In manchen evangelischen Kirchen bei uns gibt es Gottesdienste in der Morgendämmerung, die an die Freude angesichts des leeren Grabes erinnern.

Ostern ist das Fest der Auferstehung im weitesten Sinn, und das Osterfrühstück sollte uns diese Freude spüren lassen.

Osterlichter sind Kerzen, die – mit Klebewachs befestigt – in eine flache Schüssel gegeben werden. Um die Kerze herum wird Moos gelegt. In dieses Moos stecken wir Frühlingsblumen, die, wenn sie regelmäßig gegossen werden, einige Tage lang frisch bleiben.

Osterlachen

Ostern ist ein freudiges Fest. Deshalb erzählten früher Priester zu Ostern lustige Geschichten, über die in der Kirche gelacht wurde.

Gerade an verregneten Ostertagen kann es schön sein, Witze zu erzählen oder lustige Geschichten vorzulesen. Für diesen Fall sollte man sich rechtzeitig nach einer geeigneten Geschichte umsehen oder die Familie bitten, Witze zu sammeln und sie für den Ostermorgen aufzubewahren.

Osterbrot

400g Dinkel oder Weizen
80g Zucker oder Honig
80 g Rosinen
30g Hefe
120g Wasser
80g süße Sahne
50g Butter
1 Teel. Salz
Schale einer halben Zitrone, fein gerieben

Außerdem:
Mandelblättchen zum Bestreuen
Ei zum Bestreichen

Das Getreide fein mahlen. Hefe, Salz, Zucker oder Honig mit Wasser und Sahne verrühren. Zitronenschale mit Mehl vermischen, Butter dazugeben und alles gründlich verkneten. Dann die Rosinen hinzufügen und noch einmal alles durchkneten. Decken Sie den Teig jetzt ab und stellen Sie ihn mindestens 45 Minuten an einen warmen, zugfreien Ort.
Fetten Sie das Backblech ein.

Teilen Sie den Teig in drei gleich große Stücke und flechten sie aus den drei Strängen einen Zopf. Dieser wird auf das Backblech gelegt und noch einmal 30 Minuten warm gestellt.
Heizen Sie den Backofen auf 180 Grad vor.

Bestreichen Sie den Zopf vor dem Backen mit Ei und bestreuen Sie ihn mit Mandeln. Als besondere Dekoration können Sie ein sehr hart gekochtes Ei in die Zopfmitte drücken.
Der Zopf muss bei 180 Grad 40 Minuten backen.

Eiersammeln und Spiele mit Eiern

Noch mit 17 Jahren wollten unsere Söhne auf das österliche Eiersuchen nicht verzichten. Während sich unsere vier Kinder in einem Raum versammeln, verstecken mein Mann und ich irgendwo in der Natur eine durch vier teilbare Anzahl von Ostereiern, um dann mit unschuldiger Mine zu verkünden, dass der Osterhase möglicherweise im Garten, Wald oder Park Eier hinterlassen habe. Die Kinder, die sich mit Körbchen ausgerüstet haben, beginnen dann das große Suchen. Anschließend werden alle gefundenen Eier zusammengetragen und gerecht geteilt. Besonders schön ist es, wenn man Wochen später beim Spielen im Garten noch ein vergessenes Ei findet, wenn alle anderen schon längst verspeist sind.

Das Suchen und Finden kann auch symbolisch gesehen werden. Dann ist das Ei die Keimzelle, aus der sich Neues entwickeln will. Wir kennen das Neue jedoch noch nicht, sind auf der Suche, finden immer wieder etwas und suchen weiter ...

Überraschungsei
Wenn Sie ein Hühnerei ausblasen, ein Loch mit einem Klebeband verschließen und flüssige Schokolade hineinfüllen, werden sich ihre Kinder sehr wundern. Es liegt an Ihnen, ob Sie Ihr Geheimnis verraten. Wie kommt die Schokolade ins Ei? Sie erhitzen Vollmilchschokolade mit etwas Milch unter ständigem Rühren und füllen sie mit einem kleinen Trichter durch das Ausblasloch in das Hühnerei.

> *Has, Has, Osterhas,*
> *Ich sehe schon dein Schwänzchen.*
> *Has, Has, Osterhas,*
> *Komm mach mit mir ein Tänzchen!*

Und nach der ganzen Tanzerei
Ist der Winter
Endlich vorbei!

Huhn unter der Decke
Ein Kind sitzt unter einer Decke und hat einen Korb mit
Ostereiern. Die anderen stehen im Kreis drumherum.
Wenn das Huhn unter der Decke anfängt zu gackern,
rollt irgendwo ein Ei heraus – denn Hühner gackern bekanntlich, wenn sie ein Ei gelegt haben. Wer das Ei er-
gattert hat, darf es behalten.

Eier anschlagen
Je zwei nehmen ein hart gekochtes Osterei und schlagen
sie mit den Spitzen gegeneinander. Welches Ei geht entzwei?

Eier kullern
Draußen auf einem Hügel oder drinnen auf einer schrä-
gen Fläche werden Eier ins Rollen gebracht. Wer mit seinem Ei ein Ei des anderen trifft, darf das behalten.

Eierlaufen
Jedes Kind erhält einen Suppenlöffel. Eine Strecke wird
draußen oder drinnen abgesteckt. Am Ziel steht ein lee-
rer Korb, in den möglichst viele Eier gebracht werden
müssen. Die Eier liegen entweder am Start oder ver-
streut und müssen auf dem Löffel ins Ziel balanciert
werden.

Pfingsten

Das Pfingstfest fällt in die schönste Jahreszeit, und oft denken wir dabei an Freizeit und Ausflüge. Das Wort Pfingsten stammt vom griechischen »Pentekoste« und bedeutet: der fünfzigste Tag, denn das Fest wird genau fünfzig Tage nach Ostern gefeiert. In der jüdischen Tradition wird fünfzig Tage nach dem Pessach-Fest Schawuot, ein Erntedankfest, gefeiert. Der christlichen Überlieferung nach erschien Jesus an diesem Tag seinen Jüngern und der Heilige Geist wurde über sie ergossen. In der Bibel wird der Geist auch als Sturm beschrieben, etwas, das Bewegung ins Leben bringt und gleichzeitig befruchtend wirkt. Wir können diese Fruchtbarkeit nicht nur auf die Natur beziehen, in der wir jetzt überall Bienen und Baumblüten beobachten können. Es ist auch eine geistige Fruchtbarkeit gemeint, die uns zu Kreativität und neuen Ideen beflügeln kann.

Der Geist ist nicht an eine bestimmte Sprache oder ein bestimmtes Volk gebunden, und es heißt in der Bibel, dass die Menschen trotz unterschiedlicher Muttersprachen einander verstanden. Es ist der Geist der Liebe, der Verständigung und der Versöhnung, an den wir in diesen Tagen denken. Ich finde es daher angemessen, diesen Geist sinnbildlich als Taube darzustellen, die gleichzeitig ein Friedenssymbol ist.

In Waldorfkindergärten fertigen die Erzieherinnen vor Pfingsten mit ihren Kindern Wollvögelchen an. Auch aus festem weißen Papier lassen sich Tauben herstellen, die wir an Zweige hängen, mit denen wir unseren Frühstückstisch schmücken oder die wir anderen Menschen bei einem Besuch mitbringen.

Pfingsten ist auch eine gute Gelegenheit, Freunde und Familienangehörige zu besuchen, die weiter weg wohnen. Pfingsten könnte uns helfen, Brücken zu bauen und zu erleben, dass alle Menschen eine gemeinsame Sprache sprechen.

Du kannst es nicht sehen:
Die Luft, die um dich weht,
den Atem, der kommt und geht,
den Wind, der dich umkost,
den Sturm, der schrecklich tost,
die Angst, den Schrecken, die Schmerzen,
die Liebe in deinem Herzen,
den Ärger, den Zorn, die Wut,
das Glück, das so gut dir tut,
der Gedanken Reise,
das Laute und das Leise.
Gottes Geist ist da,
unsichtbar dir nah.

(Aus: Hermine König: Das große Jahresbuch für Kinder, München 1996, S.217)

Erntedank

Das Erntedankfest ist dann besonders schön, wenn Sie gemeinsam mit Ihren Kindern in irgendeiner Form an der Ernte beteiligt waren. Wenn Sie einen Garten haben, in dem Sie auch Gemüse anbauen, wird es Ihnen leicht fallen, ein Fest zu feiern und zu danken. Vielleicht kennen Sie aber auch einen Bauernhof in der Umgebung Ihres Wohnortes. Viele richten ein Erntedankfest aus und freuen sich auch über Mithilfe bei der Ernte. Unvergesslich sind Erlebnisse wie Kartoffeln aus der Erde zu sam-

meln, Stroh in die Tenne zu fahren oder selbst geerntete Möhren direkt vom Feld zu essen.

Bei einem Erntedankfest sollte die Ernte in ihrer Schönheit, Vielfalt und Farbenpracht sichtbar sein. Es empfiehlt sich also, ein Tuch oder einen Tisch mit den Gaben zu schmücken. Die kleine Gesellschaft sitzt nun im Kreis und bewundert die Ernte. Vielleicht wollen Sie ein Lied singen und einen Spruch oder ein Gebet sprechen. Wie können wir unsere Dankbarkeit zum Ausdruck bringen? Wir könnten zum Beispiel allen Pflanzen, die uns zur Ernte verholfen haben, schweigend gute Gedanken schicken. Kleine Kinder haben sicherlich Freude daran, sich laut und ganz konkret bei einem Apfel- oder Kirschbaum für die schönen Früchte zu bedanken und vielleicht sogar dem Baum etwas zu schenken. Übrigens haben alle Bäume unseren Dank verdient – schließlich liefern sie uns die Luft zum Atmen.

Laterne, Laterne, Sonne, Mond und Sterne

Laterne, Laterne,
Sonne, Mond und Sterne,
Brenne auf, mein Licht,
Brenne auf, mein Licht,
Nur meine schöne Laterne nicht.

Mit einem Licht in die Dunkelheit zu gehen – zumal wenn dieses Licht von Kinderhand schön gestaltet ist und besondere Farben in die Nacht bringt – ist ein wunderschönes Ritual, das man nicht auf den Martinstag beschränken muss.

Sankt Martin ist ein heiliger, der im heutigen Ungarn im Jahre 316 geboren wurde und später in der römischen Stadt Pavia lebte. Mit zwölf Jahren soll der Junge von zu Hause fortgelaufen sein, um sich im christlichen Glauben unterweisen zu lassen. Mit 15 Jahren wurde er – nach Willen und Gebot des Vaters – zum Ritter geschlagen. Nach seiner Taufe lehnte er den Militärdienst ab und wurde später wegen seines Glaubens auch gefoltert. Als bekannter Lehrer und Bischof wurde er schon zu Lebzeiten verehrt.

Der Legende nach ritt Martin in jungen Jahren einmal auf einer Landstraße in Dunkelheit und Kälte, als er einen armen Mann vor dem Stadttor erblickte, der fror und nur mit Lumpen bekleidet war. Martin, der an diesem Tag schon viele Almosen gegeben hatte und nichts mehr besaß als seinen Mantel, teilte diesen mit seinem Schwert in der Mitte durch und gab die eine Hälfte dem Frierenden.

Licht und Wärme bringen auch die Kinderlaternen in die Welt. Wer muss heute als Bettler sein Leben fristen? Nicht nur Erwachsene, auch Kinder betteln in vielen Ländern der Welt und bei uns. Der Martinstag bietet sich an, darüber nachzudenken, wem man in dieser kalten Zeit helfen möchte. Ein Laternenumzug ist dann besonders schön, wenn jemand ein Akkordeon oder eine Gitarre mit auf den Weg nimmt und die Lieder begleitet.

Ich gehe mit meinen Kindern an vielen dunklen Tagen mit Laternen in den Wald. Die Lieder fallen uns, kaum brennen die Kerzen, von selbst wieder ein. Wer im Wald oder Garten ein Zwergenhäuschen gebaut hat, wird jetzt – oh Wunder – ein Licht darin entdecken. An windstillen Tagen kann so ein kleines Licht in einem Glas recht lange brennen.

Kinder, die im Herbst Geburtstag haben, können ihre Gäste am Abend mit Laternen nach Hause bringen.

Ich geh mit meiner Laterne
Und meine Laterne mit mir,
Da oben leuchten die Sterne
Und unten leuchten wir.
Mein Licht geht aus,
Wir gehen nach Haus,
Rabimmel, Rabammel, rabumm, bumm bumm.

Mit einer Handlaterne,
Laterne, Laterne!
Sonne, Mond und Sterne,
Die doch sonst am Himmel stehn,
Lassen sich heut nimmer sehn.

Zwischen Wasserreih und Schloss
Ist die Finsternis so groß,
Gegen Löwen rennt man an,
Die man nicht erkennen kann.

Kleine, freundliche Latern,
Sei du Sonne nun und Stern!
Sei noch oft der Lichtgenoss
Zwischen Wasserreih und Schloss,
Oder – dies ist einerlei –
Zwischen Schloss und Wasserreih!

Theodor Storm

Geburtstag

Lebe glücklich, lebe froh
Wie der Mops im Paletot.
Lebe glücklich, lebe froh
Wie der König Salomo,
der auf seinem Stuhle saß
und ein Stückchen Käse aß.
Lebe glücklich, werde alt,
Bis die Welt in Stücke knallt.

Einen besonderen Höhepunkt – besonders für Kinder – stellt im Jahreskreislauf der eigene Geburtstag dar. Mit diesem Fest drücken wir die Freude über die Geburt des Kindes aus und stellen es in den Mittelpunkt. Mit dem Geburtstagsfest machen wir deutlich, was in einem Kinderlied besungen wird: »Wie schön, dass du geboren bist, wir hätten dich sonst sehr vermisst. Wie schön, dass wir beisammen sind, wir gratulieren dir, Geburtstagskind.«

In jeder Familie gibt es eigene Geburtstagsrituale, doch kann es bereichernd sein, die eigenen Erfahrungen mit denen anderer Menschen zu ergänzen.

Obwohl sich Geburtstagsrituale mit dem Alter des Kindes immer wieder verändern, gibt es feste Bestandteile, die von älteren Kindern bald auch eingefordert werden.

Das Wecken am Morgen gehört unbedingt dazu. Meine Kinder dürfen sich aussuchen, ob sie mit oder ohne Lied, einer bestimmten Musik, Brötchen oder Croissants (die gibt es sonst so gut wie nie!), Kakao oder Tee geweckt werden wollen. Für mich gehören auf dieses »Frühstücks-Weck-Tablett« auch ein ganz besonderer Blumenstrauß der Jahreszeit und natürlich so viele Kerzen, wie das Kind alt wird.

Auf einem besonders geschmückten Tisch liegen die Geschenke und ein besonderer Kuchen. Beim Ausblasen der Kerzen darf man sich leise etwas wünschen.

Mädchen, die im Sommer Geburtstag haben, freuen sich sicherlich sehr über einen Blütenkranz für ihr Haar.

Mittags gibt es das Lieblingsessen und nachmittags kommen die eingeladenen Kinder. Die Einladungskarten zu malen oder aus farbigem Papier zu gestalten, gehört für uns zu den Vorfreuden, und wir verwenden viel Zeit darauf. Ich finde es sehr schade, wenn Eltern vorgefertigte Karten für ihre Kinder ausfüllen.

Den Ablauf des Festes am Nachmittag planen wir ebenfalls im Voraus gemeinsam. Es ist sehr hilfreich, wenn die Kinder sich zu Anfang in einen Kreis setzen, begrüßt werden und die Geschenke in Ruhe ausgepackt und gewürdigt werden. Um dieses Eröffnungsritual zu gestalten, kann jeder einen Teil eines zerschnittenen Bildes erhalten, das zu einem Kreis zusammengelegt werden muss. Das Motiv könnte eine Torte, eine Sonne oder ein Mond sein.

Ein andermal haben wir jedem zu Beginn ein Knäuel gegeben, das aufgewickelt werden musste. Auf diese Weise fand man am Ende des sehr langen Wollfadens ein kleines Geschenk.

Auch sollten die Gäste den Ablauf des Festes erklärt bekommen. Bestimmte Spiele wie Topfschlagen, Schokokusswettessen oder Schatzsuche sind Klassiker, die bis ins »hohe Alter« von acht, neun oder zehn Jahren beliebt bleiben.

Bei der Schatzsuche verwende ich eine Messingdose oder einen in Goldpapier gewickelten Karton. Er enthält etwas Schönes für jedes Kind: z.B. Seifenblasen, Zopfgummis oder Luftballons. Je nach Alter der Kinder müssen sie einer Spur folgen, Zettel lesen oder raffinierte Schatzkarten entschlüsseln.

Besonders schön finde ich Geburtstage, die unter einem bestimmten Thema stehen. So kann man ein Sonnenblumenfest feiern oder einen Piratengeburtstag. Man kann sich auch ein Märchen vornehmen, z.B. Dornröschen, und die Gäste mit einigen Tüchern und selbst gemachten Utensilien ausstaffieren und das Märchen spielen. Die Rollen können verlost werden. Vielleicht darf sich das Geburtstagskind seine Rolle aussuchen.

Zum Abschluss am Abend lesen wir etwas vor oder schauen uns Dias aus dem Leben des Kindes an. Gern erzähle ich auch vom Tag der Geburt und unserer Freude. Manchmal haben wir auch am Abend ein Feuer gemacht und Würstchen und Stockbrot gebacken. Fällt der Geburtstag in den Sommer, kann man vielleicht im Garten zelten. In der dunklen Jahreszeit können die Gäste mit Laternen nach Hause gebracht werden oder die Sterne angucken.

Manche Kinder wollen ab einem bestimmten Alter nicht mehr mit Freunden Geburtstag feiern. Sie möchten dann vielleicht lieber ganz allein mit den Eltern essen gehen oder einen Kinofilm anschauen. Bei uns gilt: Am Geburtstag bestimmt das Kind. Dieser eine Tag im Jahr muss etwas ganz Besonderes sein, weil jedes Kind auch etwas ganz Besonders ist.

> *Heute kann es regnen,*
> *Stürmen oder schnein,*
> *Denn du strahlst ja selber*
> *Wie der Sonnenschein.*
> *Heut ist dein Geburtstag,*
> *Darum feiern wir,*
> *Alle deine Freunde*
> *Freuen sich mit dir.*
> *Wie schön, dass du geboren bist,*
> *Wir hätten dich sonst sehr vermisst,*

Wie schön, dass wir beisammen sind,
Wir gratulieren dir, Geburtstagskind!

Willkommensfest und Taufe

In Tibet wird für jedes neugeborene Kind ein Fest gefeiert, das es in dieser Welt willkommen heißt. Nachbarn und Freunde bringen kleine Geschenke, Mutter und Neugeborenes werden von der Großfamilie umsorgt. Segens- und Glückwünsche werden ausgesprochen. Bei uns auf dem Land gibt es noch ähnliche Rituale, bei denen die Nachbarn zum »Kindskiek« eingeladen werden und Glückwünsche und Geschenke überreichen. Willkommen in dieser Welt zu sein ist für jedes Kind eine unglaublich wichtige Erfahrung. Deshalb möchte ich allen Eltern empfehlen, ein kleines Fest zu gestalten, das Freunden und Verwandten Gelegenheit gibt, Glück und Segen zu wünschen. Dabei finde ich die Übernahme der Patenschaft besonders wichtig. Kinder, die nicht getauft werden, haben in der Regel keine Paten – Eltern brauchen jedoch unbedingt Beistand, wenn sie ein Kind empfangen haben. Es gibt so viele Schwierigkeiten und Probleme, und ein afrikanisches Sprichwort sagt zu Recht, man brauche ein ganzes Dorf, um ein Kind großzuziehen.

Die Kindstaufe ist für christliche Eltern die Gelegenheit, die ganze Familie und die Gemeinde zusammenzurufen, um das Kind in die Gemeinschaft aufzunehmen und zu segnen. Nachdem der Täufling über das Taufbecken gehalten wurde und nach dem Ritual der jeweiligen Kirche getauft wird, können Paten und Gäste Gelegenheit erhalten, gute Wünsche und Hoffnungen auszusprechen. Bei der Taufe unserer Tochter schrieben die Anwesenden ihre Wünsche auf weiße Papiertauben, die anschließend an ein Bäumchen gehängt wurden, das jetzt in unserem Garten wächst.

In seinem Buch »Glück mit Kindern« beschreibt Florian Langenscheidt das Taufritual seines Sohnes Robin und lässt seine Leser teilnehmen, indem er die Taufrede des Paten abdruckt.

Es ist wunderbar, wenn Kinder in späteren Lebensphasen Fotos, Karten, Briefe und Glückwünsche zu ihrer Geburt und Taufe anschauen können und in der Sicherheit aufwachsen: du bist nicht allein.

Erwachsen werden

Auch das Erwachsen-Werden sollte gebührend gefeiert werden. Protestanten wählen dafür vielfach die Konfirmation, das einzige Ritual für Jugendliche, das noch übrig geblieben ist. Viele empfinden es aber heute als hohl und sinnlos. Man kann die Rituale aber auch umformulieren und auswahlsweise für ein unabhängiges Fest übernehmen, mit dem man das Erwachsen-Werden eines Kindes feiert (siehe dazu auch »Das Fest der Menstruation« und »Fest für einen Jungen«, S. 204 ff.).

Mit einem großen Familienfest kann man den – konfirmierten oder nicht konfirmierten – Jugendlichen würdigen. Hier hat jede Familie Gelegenheit, eigene Rituale zu erschaffen, die das Ereignis unvergesslich machen. Auf symbolische Weise könnte man dem jungen Menschen verdeutlichen, das man ihm die Mündigkeit zutraut und seine Entscheidungen ernst nimmt.

Als Maria konfirmiert wurde, musste sie nach dem Festessen verschiedene Aufgaben lösen. Eine Aufgabe bestand darin, sich von einem Faden zu befreien, der zwischen ihr und den Eltern gesponnen war. Auf symbolische Weise wurde so deutlich: »Wir trauen dir zu, deinen eigenen Weg zu gehen und selbstständig zu werden.«

Dies ist auch mit Verantwortungsbewusstsein verbunden. So bekam sie einen Johannisbeerbusch geschenkt, den sie selber einpflanzen musste. In Zukunft ist sie für diesen Busch verantwortlich.

Nach dem Lösen jeder Aufgabe erhielt sie ein Puzzleteil, das zusammengesetzt eine Schatzkarte ergab. Auch das Leben besteht aus Puzzleteilen, die uns helfen, unseren Schatz zu heben. Auf dieser Schatzkarte war die Stelle markiert, an der das Geschenk – eine Stereoanlage – verborgen lag.

Auch für Sabrina war die Konfirmation ein wichtiges Ereignis. Sie lebt bei Pflegeeltern. Zu ihrer Konfirmation wurde ihre gesamte Verwandtschaft eingeladen, auch ihre geschiedenen Eltern. An diesem Tag stand Sabrina ganz im Mittelpunkt, und alle Menschen würdigten sie als eine liebenswerte Person.

Außerdem konnte sie an diesem Tag erleben, das es möglich ist, zusammen zu sein und gemeinsam zu feiern, auch wenn man im Leben getrennt und unterschiedlicher Meinung ist. Diese Erfahrung ließ sie auf allen Ebenen wachsen.

Neue Rituale
für neue Menschen

Tag- und Nachtgleiche im Frühling

Weil meine Kinder jeden Morgen eine Strecke mit dem Fahrrad fahren müssen, bevor sie in den Schulbus steigen, beobachten wir das Kommen und Gehen des Lichtes im Jahresverlauf sehr genau. Die Monate, in denen die Fahrräder Beleuchtung brauchen, sind sehr anstrengend, und immer wieder sind Reparaturen an den Radlampen fällig. Verständlicherweise wird dann der erste Tag ohne Licht am Rad besonders bejubelt. Aber auch Stadtkinder freuen sich, wenn sie wieder im Hellen zur Schule gehen können.

Am 21.März sind Tag und Nacht gleich lang, es ist 12 Stunden hell und 12 Stunden dunkel. In den folgenden Tagen bis zum 21.Juni werden die lichten Stunden immer mehr.

Wer seine Freude über die Rückkehr des Lichts zum Ausdruck bringen will, kann für sich und andere ein Ritual gestalten. Hierzu ein paar Anregungen:

Der Sonnengruß

Der Sonnengruß ist eine bekannte Übungsfolge aus dem Hatha-Yoga, die überall auf der Welt in vielen Variationen ausgeführt wird. Sie regt den Kreislauf an und bringt für mich in vollkommener Weise Stolz auf das menschliche Dasein, Demut vor den Kräften des Universums und Ehrfurcht vor allem Leben zum Ausdruck. Der Sonnengruß eignet sich für jeden Tag im Jahr, doch könnte der 21.März ein besonderer Anlass sein, mit den Übungen zu beginnen.

Der Sonnengruß

1. *Sie stehen locker und gerade und haben guten Kontakt zum Boden. Atmen Sie ohne Anstrengung und spüren Sie Ihren Körper in dieser Position.*
2. *Legen Sie die Handflächen vor der Brust aneinander und führen Sie die Arme mit dem nächsten Einatmen nach oben über den Kopf, dehnen sich in die leichte Rückbeuge und spannen die Beckenmuskeln an.*
3. *Beim Ausatmen beugen Sie den Oberkörper nach vorn, so dass ihre Fingerspitzen den Boden berühren.*
   Gehen Sie am Ende des Ausatmens in die Hocke.
4. *Verlagern Sie das Gewicht des Oberkörpers auf die Arme, stützen sich mit den Händen ab und versuchen in dieser »Hund«stellung beide Fersen auf den Boden zu drücken*
5. *Senken Sie ausatmend die Knie zum Boden und kommen in die Bauchlage. Die Stirn liegt auf der Erde, die Arme locker neben dem Körper.*
6. *Legen Sie beide Hände mit den Handflächen nach unten auf den Boden neben die Schultern. Heben Sie einatmend Kopf und Schultergürtel und richten Sie sich auf in die »Kobra«.*
7. *Kommen Sie ausatmend in den »Hund«, indem Sie sich mit den Händen nach oben drücken.*
8. *Lassen Sie sich einatmend auf die Knie sinken.*
9. *Kommen Sie ausatmend in die Rumpfbeuge.*
10. *Stellen Sie sich einatmend in die Ausgangsposition und gönnen sich eine kleine Pause, um dann von vorn zu beginnen.*

Üben Sie den Sonnengruß mindestens dreimal hintereinander.

Der 21. März, der ja gleichzeitig den offiziellen Frühlingsanfang markiert, kann auch als Fest der Auferstehung gesehen werden. Mit dem Licht erhebt sich die Natur aus dem dunklen Erdreich wieder ins Helle empor.

Wenn das Datum auf ein Wochenende fällt, bietet es sich an, ein Lichtfest zu feiern. Vielleicht haben Sie Lust, sich in heller, gelber oder weißer Kleidung irgendwo in der Natur zu treffen, ein Feuer anzuzünden und gelbe Speisen zu genießen? Kleine Kinder finden sicherlich ein Sonnenfest ganz besonders schön, bei dem sie sich als Sonnen oder Blumen verkleiden dürfen, die die Sonne angelockt hat.

Man könnte der Sonne ein Lied singen oder einen Dankesspruch aufsagen. Auch gemeinsame Tänze im Kreis bieten sich an.

Getragen-Werden: Rituale für die Kleinsten

Sie haben es auch schon beobachtet:

Wenn Erwachsene sich kleinen Kindern zuwenden, sind sie plötzlich ganz anders: Sie sprechen mit hoher Stimme, lächeln, wiederholen sich... Albern? Keineswegs! Intuitiv machen sie genau das Richtige: Babys bevorzugen die hohe Stimmlage und sie lieben Wiederholungen.

Ein Kind zu tragen und zu schaukeln gehört – neben dem Stillen – zu den ersten Ritualen. Wir führen sie meist ganz unbewusst und ohne besondere Anleitung aus. Lächeln und Lachen sind unsere Bestätigung und größtes Lob. Und kaum dass der Kleine die ersten Worte spricht, heißt es auch schon: »Mehr!«

Viele alte Kinderverse, Reime und Kitzel-Spielchen wirken heute wie damals.

Sie werden von Familie zu Familie weitergegeben oder lassen sich auch in Büchern nachlesen.

Geht ein Mann die Treppe rauf
(Mit zwei Fingern den Arm des Babys
hochklettern),
Klingelingeling (am Ohrläppchen zupfen),
Klopf-Klopf-Klopf
(sanft an die Stirn klopfen):
»Guten Tag, Herr Nasenmann!«
(Leicht auf die Nase drücken)

Bei dem folgenden Vers werden nacheinander alle Finger angefasst und leicht hin und her bewegt:

Das ist der Daumen,
Der schüttelt die Pflaumen,
Der sammelt sie auf,
Der trägt sie nach Haus,
Und dieser kleine,
Der isst sie alle ganz alleine.

Bei dem folgenden Vers wird dem Kind immer wieder rhythmisch über die Handinnenfläche gestrichen:

Hier hast du einen Taler,
Geh auf den Markt,
Kauf dir eine Kuh
Und ein Kälbchen dazu,
Das Kälbchen hat ein Schwänzchen,
Macht dideldideldänzchen.
(Hierbei kitzelt man in die Handfläche)

Alle Kinder dieser Welt lieben es, in die Luft hochgestemmt zu werden, um zu »fliegen« oder den Eltern in die Arme zu laufen.

»Flieg, Engelchen, flieg« oder »eins, zwei, drei – Huiii« heißt es auf dem Spaziergang, wenn das Kind zwischen zwei Erwachsenen alle drei Schritte in die Luft gehoben wird.

Und jedes Kind lässt sich gern im Kreis herumwirbeln.

So genannte Kniereiter sind Reime, die man aufsagt, während das Kind auf den Knien der Eltern »reitet«.

Hoppe, hoppe Reiter,
wenn er fällt,
dann schreit er.
Fällt er in den Graben,
fressen ihn die Raben,
fällt er in das grüne Gras,
macht er sich sein Höschen nass,
fällt er in den Sumpf,
macht der Reiter: Plumps.
(bei »plumps« fällt das Kind zwischen den Knien durch ein wenig nach unten)

So reiten die Damen,
So reiten die Damen (sehr sanft schütteln),
So reiten die Herren,
So reiten die Herren (kräftiger schütteln),
So ruckelt der Bauer,
So ruckelt der Bauer (ordentlich durchschütteln).

Solche kleinen Rituale, die immer wiederholt werden müssen, schaffen Vertrauen und geben Sicherheit.

Sie sagen ohne Worte: Wir sind für dich da, du wirst getragen. Immer wieder.

Pubertät

Es ist viel darüber geschrieben worden, dass Naturvölker Initiationsriten haben, die ihren Kindern den Übergang ins Erwachsenenalter erleichtern. Die jungen Menschen werden in gleichgeschlechtlichen Gruppen zusammengefasst, erfahren alles, was sie als Frau oder Mann wissen müssen und haben Mut- und Geschicklichkeitsproben zu bestehen.

Bekanntlich gibt es bei uns solche Rituale nicht. Wir können aber beobachten, dass sich unsere Jugendlichen selber Rituale erschaffen, die ein oft hilfloser Versuch sind, ihre Rolle zu finden. So »hängen« Jungen häufig auf Spielplätzen oder in Bushäuschen herum, rauchen, trinken Alkohol und wissen nichts mit sich anzufangen. Das »Dazugehören« ist jedoch entscheidend. Mädchen durchstreifen in kleinen Gruppen die Fußgängerzonen, probieren Schminke aus und versuchen, sich modisch oder auffällig zu kleiden. Was haben wir diesen jungen Menschen an Leitbildern oder Ideen zu bieten?

Die Pubertät ist die Zeit der Abgrenzung von den eigenen Eltern. Deshalb ist es schwer, Jugendliche in dieser Lebensphase in Familienrituale einzubeziehen.

Gruppen wie Pfadfinder, Wandervögel oder Jugendtreffs gibt es heute kaum noch, und viele junge Menschen sind ganz allein zu Hause vor dem Fernseher oder Computer. Dabei sind Freunde in dieser Lebensphase von großer Bedeutung. Ihre Einstellungen und Vorschläge zählen mehr als das Gerede der Eltern. Wenn wir uns an unsere eigene Pubertät erinnern und vielleicht sogar alte Tagebücher hervorholen – und unseren Kindern zum Lesen geben? –, gelingt es uns vielleicht, die nötige Sensibilität für diese Lebensphase zu entwickeln. Gute Freunde sind jetzt Gold wert. Lehrern, Pastorinnen,

Priestern oder Freunden der Eltern, denen es gelingt, als Vorbild zu fungieren, kommt eine enorme Bedeutung zu. Wir sollten für jeden von ihnen äußerst dankbar sein.

Das Fest der Menstruation

Wenn es uns wieder gelingt, unsere Menstruation als ein Wunder zu betrachten und über die Fähigkeiten unseres Körpers zu staunen, werden unsere Töchter sich über ihre Menstruation freuen und kaum körperliche Probleme haben.

Im Zeitalter der Männerherrschaft ist die Menstruation oft verleugnet und tabuisiert worden. Das drückt sich auch in den vielen negativen Bezeichnungen für die Menstruation aus. Viele Frauen haben sich von ihrem Körper entfremdet und sich so unnötige Schmerzen zugefügt.

Heutige Mütter reden meistens sehr offen mit ihren Töchtern über »ihre Tage« und tun ihnen sicherlich einen Gefallen, wenn sie diesen Ausdruck wörtlich nehmen. An »meinen Tagen« darf ich mich ruhig verwöhnen lassen, ausruhen und mich mit warmen Bädern, sanften Massagen und wohltuenden Tees pflegen. Uns biologisch aufgeklärten Menschen von heute fehlt oft das Staunen. In ihrem Buch »Der Mondring« hat es Margaret Minker geschafft, die biologischen Tatsachen der Menstruation mit weiblichen Mysterien zu verbinden.

Obwohl sicherlich viele Mädchen heute ein Fest zu Ehren ihrer Menstruation peinlich fänden und ablehnten, finde ich die Idee überlegenswert. Sie wird sich wahrscheinlich erst in künftigen Generationen verwirklichen lassen.

Dass Mutter und Tochter oder Mütter und Töchter zur Feier der Menstruation etwas Besonderes unternehmen, stelle ich mir schön vor. Ich denke da an ein »rotes

Fest«, zu dem nur Frauen und Mädchen geladen werden, die sich alle rot anziehen. Man könnte sich in der Natur treffen und rote Speisen genießen. Jede Frau könnte auf je einen Zettel einen Satz schreiben, der so anfängt:

»Ich bin gern eine Frau, weil ...«

Die Zettel werden dann eingesammelt, und wenn alle im Kreis sitzen, zieht jede einen Zettel und liest ihn vor. Anschließend könnte man Musik machen und tanzen.

Auf jeden Fall werde ich meiner Tochter einen Mondring oder Mondanhänger für ihre Kette schenken, um meine Freude über ihr Heranwachsen auszudrücken.

Und wir werden gemeinsam ein Fläschchen Massageöl mixen, das dem Bauch gut tut. Dann werden wir uns eine Tasse Frauentee aufbrühen und über unsere Wünsche an das Leben reden. Und bestimmt auch festlich essen gehen.

Fest für einen Jungen

Weil Männer in der Regel von ihren Vätern nicht lernen, wie man liebevoll mit Söhnen umgeht, fällt es heutigen Vätern manchmal schwer, neue Wege zu finden. Immer häufiger werden jedoch Jungen-Freizeiten mit Vätern, besondere Reisen für Väter und Söhne oder andere Kurse wie z.B. Zaubern für Väter und Söhne angeboten.

Über den ersten Samenerguss wird in der Regel peinlich geschwiegen, und Jungen haben es heute oft schwerer als Mädchen, einen männlichen Weg zu Sexualität und Erwachsenwerden zu finden: Es gibt so viele schlechte Vorbilder und so wenige gute. In ihrem Buch »Kleine Helden in Not« haben Dieter Schnack und Rainer Neutzling die schwierige Suche von »Jungen auf der Suche nach Männlichkeit« anschaulich und treffend beschrieben.

Vielleicht können wir den ersten Geburtstag nach dem Stimmbruch als besonderes Ereignis feiern, z.B. einmal mit diesem Kind allein feierlich essen gehen.

Jon Kabat-Zinn beschreibt, wie er mit jedem seiner Kinder einzeln – darunter zwei Söhnen – eine Zelttour in die Einsamkeit amerikanischer Berge unternimmt. Andere Väter haben vielleicht Lust auf eine gemeinsame Radtour, eine Bergwanderung, eine Kanufahrt oder eine Städtereise.

Im Alltag bilden sich oft »Vater-und-Sohn-Rituale« heraus, die gar nicht genug gewürdigt werden können. Vielleicht flicken die beiden gemeinsam ein Fahrrad, gehen angeln oder tauschen sich über ein gemeinsam gelesenes Buch aus.

In seinem Buch »Glück mit Kindern« beschreibt Florian Langenscheidt einige Väter-Söhne-Rituale, die sich jedoch auf jüngere Kinder beziehen. Bereichernd ist die Lektüre auf jeden Fall. Wir erfahren von »Piratennächten«, »Vater–und-Sohn-allein-zu-Haus-Tagen« und ersten Kinobesuchen.

Manchmal, wenn der Vater nicht zugegen ist oder der Aufgabe nicht gewachsen, kann ein Großvater diese Funktion übernehmen. Im Alter bereuen manche Väter den früheren Umgang mit ihren Kindern und entwickeln sich zu vorbildlichen Opas. Manche Kinder haben das Glück, so einen Bilderbuchopa zu besitzen, der ihnen die erste Angel schenkt oder sie mit auf eine Segeltour nimmt.

Wir Mütter sollten uns jedenfalls nicht einbilden, einen abwesenden oder desinteressierten Vater ersetzen zu können. Es ist Väteraufgabe, ihren Söhnen in einem Ritual zu verdeutlichen: Du bist mein Sohn und ich freue mich, dass du nun zum Mann heranwächst.

Die Qualität der Wochentage nutzen

*Am siebenten Tag
Hat Gott geruht,
Und seine Werke waren gut.*

Bis vor kurzem habe ich mir keine Gedanken über die Qualität der Wochentage gemacht, und das nette Kinderbuch vom Sams, das am Samstag kam, hielt ich für einen Scherz. Aber seit ich in dem Buch »Sieben Wege um glücklicher zu werden« von Gertrud Hirschi viele Anregungen über die Energien der Wochentage vermittelt bekam, fasziniert mich die Beobachtung der verschiedenen Tage sehr. Die Schweizer Yogalehrerin hat mich dazu angeregt, die Qualität eines jeden Wochentages auch für unterschiedliche Rituale zu nutzen. Außerdem habe ich einige Rezepte ausprobiert und die bei Kindern besonders beliebten für Sie angefügt.

Sonntag – der Tag der Sonne

Wie der Name schon sagt, ist der Sonntag der Sonne geweiht. Im Deutschen ist die Sonne weiblich. Das ist für mich stimmig, denn ihre lebensspendende, wärmende Kraft hat etwas sehr Mütterliches. Mit ihrer feurigen Energie und Antriebskraft wird die Sonne in anderen Kulturen als männlich angesehen. Auch dafür gibt es gute Gründe. So können wir die Sonne als männlich und weiblich oder alles durchdringende Kraft begreifen.

Der Sonntag ist in der christlichen Kultur als Tag Gottes heilig, auch wenn immer mehr Geschäfte geöffnet sind und immer mehr Menschen an diesem Tag arbeiten müssen. Als heiliger Tag sollte der Sonntag wie die Sonne in die anderen Tage hineinstrahlen, uns mit fri-

scher Kraft versorgen und etwas ganz Besonderes sein. Der Sonntag ist ja auch der Tag, an dem Gott geruht hat. Wenn wir selber uns am Sonntag ab und zu wenigstens Ruhe gönnen, kann etwas Neues, Kreatives daraus entstehen. Die Sonnenmeditation und der Sonnengruß (s. S. 198) eignen sich besonders für Sonntage. Wir sollten die Sonntage aber auch dafür nutzen, etwas zu tun, was uns selber Freude macht, und wenigstens für einige Stunden ganz für uns sein, wenn wir das als hilfreich erleben.

Auch Feste und Geselligkeiten lassen sich am Sonntag gut feiern. Wenn Sie selber kleine Kinder haben, ist eine Einladung zum Frühstück am Sonntag ganz besonders schön. Die Kinder sind dann noch frisch und froh darüber, das sie andere zum Spielen haben und trotzdem bei den Eltern sind.

Sonntagswaffeln

Für sechs Stück benötigen Sie
300g Weizen
2 Becher süße Sahne, 3 Eier
Zucker oder Honig zum Süßen
Etwas Vanille oder Zimt
1/2 Teelöffel Backpulver
etwas Wasser
1/2 Teelöffel Salz
und Butter oder Öl für das Waffeleisen

Das Getreide wird fein gemahlen und mit den Zutaten gut verrührt, bis ein dickflüssiger Teig entsteht. Das Waffeleisen wird vorgeheizt, der Teig löffelweise hineingegeben und die Waffel braun gebacken.
Dazu gibt es Puderzucker, Apfelmus oder Himbeeren.

Für Getrud Hirschi gehören zum Sonntag die Farben Weiß und Gelb. Zum Essen empfiehlt sie Vollkornteigwaren aus Weizen und Dinkel. Nudeln lassen sich schnell kochen und machen fast alle Kinder froh – vielleicht eine Alternative zu den üblichen üppigen Sonntagsmahlzeiten?

Probieren Sie doch einmal aus, was sich verändert, wenn Sie den Sonntag der Sonne weihen und im beschriebenen Sinn begehen.

Mon(d)tag

In Schulen und Kindergärten sind Montage überhaupt nicht beliebt. Am Wochenanfang sind wir alle oft unausgeschlafen und erleben unsere Kinder als »durchgedreht«.

Kürzlich hörte ich von einem Kindergarten, in dem die Kinder jeden Montag in die Natur gehen – immer, bei jedem Wetter.

Der Dienstag ist in dieser Einrichtung Entspannungstag. Der Rest der Woche verläuft »normal«.

Dieser Tag ist dem Mond geweiht, den wir nur in der Dunkelheit erkennen können und der uns mit seinem Werden und Vergehen auf die Schattenseiten des Lebens hinweist. Obwohl im Deutschen männlich, haben viele Kulturen den Mond mit weiblichen Kräften gleichgesetzt, beeinflusst er doch das Leben auf der Erde sichtbar und unsichtbar in starkem Maße. Viele Babys werden bei Vollmond geboren, Ebbe und Flut sind vom Mond beeinflusst und der weibliche Zyklus dauert 28 Tage – dem Mondzyklus entsprechend. Heute fangen wieder viele Menschen an, sich nach einem Mondkalender zu richten. Als weibliche Mondkraft erinnert uns der Mond auch an Gefühle und Wasser, als Symbol für alles Fließen und den Fluss des Lebens.

Nach Gertrud Hirschi sollten wir den Montag nutzen, um die Vergangenheit sowie Sorgen und Ängste loszulassen, wenn wir das wünschen. Folglich eignet sich der Montag für Schutz- und Versöhnungsrituale oder um Fotos anzugucken und in Erinnerung zu schwelgen.

Als Farben sind dem Montag alle Blautöne und Silber zugeordnet, als Lebensmittel der Reis.

Auch für Spaziergänge im Mondschein und alle Arbeiten, die mit Wasser zu tun haben, ist der Montag besonders zu empfehlen.

Montagsrisotto

Kochen Sie Reis, indem Sie die doppelte Menge Wasser wie Reis zum Kochen bringen, den Reis in das siedende Wasser werfen und bei geringer Hitze garen.
Schneiden Sie Gemüse Ihrer Wahl und gern auch Champignons, falls Ihre Kinder die mögen, in kleine Stücke und dünsten Sie dieses in Butter oder Öl. Fügen Sie etwas Sojasoße hinzu und vermischen Sie den Reis mit dem Gemüse. Bei Bedarf können Sie geriebenen Käse, Sahne und scharfe Gewürze hinzufügen.

Dienstag

Wir können den Dienst-Tag wörtlich nehmen und uns besonders auf unsere Dienste konzentrieren. Er ist dem Mars geweiht, einem temperamentvollen, unternehmungs- und angriffslustigen Kriegsgott. Er verkörpert unsere Antriebskraft und erinnert uns daran, dass wir Ziele erreichen können. Sein Element ist das Feuer. Begeisterung, Mut, Entschlossenheit und Durchsetzungskraft sind Fähigkeiten, die am Dienstag besonders gut zum Tragen kommen können. So gesehen eignet sich der

Dienstag für Sport, für Vater-Sohn-Aktivitäten, handwerkliche Arbeiten und alles, was besonders viel Power verlangt. Die Farbe des Dienstag ist Rot, sein Getreide ist die Gerste.

> *Dienstagssüppchen*
>
> Weichen Sie die für Ihre Familie benötigte Menge Gerste einige Stunden in kaltem Wasser ein und köcheln Sie diese, bis sie ganz weich ist, mit einer Zwiebel und ein bis zwei Knoblauchzehen, Möhren und Porree. Pürieren Sie diese Mischung mit dem Pürierstab und fügen Sie gekörnte Gemüsebrühe, Kräutersalz und einen Becher süße Sahne hinzu.

Mittwoch

Der Mittwoch ist Merkur geweiht, einem durch strukturierendes Nachdenken, Vergleichen und Erfassen des Wesentlichen gekennzeichneten Gott. Er ist ein ewig Reisender und symbolisiert die Kraft des Denkens und die Fähigkeit der Kommunikation.

Als Jüngling ist Merkur jedoch auch ruhelos, oberflächlich und sorglos. Merkur kommuniziert mit den kosmischen Kräften und verhilft uns zu Geistesblitzen. Er ermahnt uns, Verstand und Intuition zu verbinden und beide Gehirnhälften zu synchronisieren.

So können wir den Mittwoch als Spieletag nutzen, für klärende Gespräche, ordnende Beschäftigungen oder um einen witzigen Film anzuschauen.

Als Farbe ordnet Gertrud Hirschi dem Mittwoch Gelb zu, die Farbe des Geistes.

Das Getreide des Mittwochs ist Hirse, ein Getreide, das sich sehr schnell kochen lässt.

> ### *Hirsebratlinge*
>
> Kochen Sie die Hirse in Wasser weich. Fügen Sie diesem Brei klein geschnittene Zwiebel, Petersilie, geriebenen Käse, Salz, 1–2 Eier, Pfeffer und Paprika bei, formen Sie Bratlinge und braten Sie die Mischung wie Fleischklößchen in heißem Fett.
> Dazu schmeckt Kartoffelbrei, Spinat oder jeder Salat.

Donnerstag

Der Donnerstag ist dem Donnergott Thor geweiht, ein Polterer und Kraftprotz, gradlinig, unkompliziert und gutmütig.

Aus astrologischer Sicht ist der Donnerstag Jupiter geweiht, einer grundsätzlich positiven, sinnstärkenden Kraft. Jupiter ist der Gott des Reichtums, der Expansion und des Wohlstandes. Diese Kraft gestattet uns auch, das Leben von einer höheren Warte aus zu betrachten. Sie hilft uns, ein Ziel zu sehen und die Schritte daraufhin vorzubereiten. Jupiter zeigt uns die Fülle des Lebens und lädt uns ein, daran teilzuhaben und unsere Träume zu realisieren.

> ### *Roggenbrot*
>
> *Sie benötigen für zwei Brote*
> *500 g Roggen*
> *500 g Wasser*
> *50 g Fermentsauerteig*
>
> *und später*
> *500 g Roggen*
> *200 g Wasser*
> *20 g Salz*
>
> Mahlen Sie 500 g Roggen und vermengen ihn mit den Zutaten aus der linken Spalte. Stellen Sie die Mischung vier Stunden an einen warmen Ort. Nehmen Sie 50g Teig ab, falls Sie später

noch einmal backen wollen, und stellen Sie diesen im Schraubglas kalt.
Fügen Sie 200g Wasser und 500g gemahlenen Roggen und 20 g Salz hinzu. Kneten Sie die Mischung 10 Minuten und formen Sie zwei Brotlaibe oder füllen Sie eine Kastenform. Stellen Sie diese Mischung noch einmal zwei Stunden an einen warmen Ort. Heizen Sie den Backofen auf 250 Grad vor und backen Sie das Brot ungefähr 20 Minuten, bis es braun und knusprig ist. Wenn Sie das Brot nach dem Backen mit kaltem Wasser bestreichen, bekommt es eine glänzende Kruste. (Garprobe: Das Brot ist gar, wenn es 10% Gewicht verloren hat oder sich beim Klopfen hohl anhört.)

So eignet sich der Donnerstag hervorragend für Familienkonferenzen und Zukunftswerkstätten. Gertrud Hirschi empfiehlt, donnerstags Freunde einzuladen und sie mit Roggenbrot und Käse an einem in Blau und Orange gedeckten Tisch zu empfangen. Am Donnerstag dürfen wir uns auch etwas Luxus erlauben und einen Einkaufsbummel machen.

Freitag

Tag der Venus! Diese verführerische Liebesgöttin, bei den Germanen Freya genannt, verhilft uns zu Schönheit, Harmonie und Liebe. Nach ihr ist der Tag bis heute benannt. Venus hilft uns zu verzaubern und zu bezaubern, uns den schönen Künsten und der Erotik zu widmen. Freitag ist der Tag der Liebe! Lassen Sie Ihre Familie das spüren! Es macht Spaß, den Freitag venusgerecht zu gestalten, besonders unter Frauen. Vielleicht haben Sie Lust, mit Ihrer Tochter einen Zeichenkurs zu besuchen, Bauchtanz zu lernen, eine Ausstellung zu besu-

chen, ein Schmuckstück herzustellen oder neue Kleidung zu entwerfen. Auch für ein Menstruationsfest oder das auf S. 204 beschriebene rote Fest ist Freitag der richtige Tag. Freitag eignet sich auch besonders für wohltuende Massagen oder eine Kosmetik-Behandlung. Venus und Freya sind personifizierte Liebe. Sie können uns helfen, unser Charisma zum Strahlen zu bringen und uns selber liebevoll anzunehmen. Die Farbe des Freitag ist Grün, das wohltuend und entspannend wirkt. Schmücken wir unser Zuhause mit Blumen und grünen Zweigen! Das Freitags-Getreide ist der Hafer.

> *Freitagsleckerli*
>
> Nehmen Sie Haferflocken oder lassen Sie Ihre Kinder die Körner durch die Flockenquetsche drehen. Geben Sie Butter und Honig in eine Pfanne und fügen Sie die Flocken und etwas Vanillepulver hinzu. Diese wunderbare Mischung schmeckt warm oder kalt. Sind Erkältungen im Anzug, füge ich einige frische Salbeiblätter hinzu.

Samstag

Der Tag ist Saturn geweiht, der uns mit der Materie verbindet. Alles Materielle hat ein physisches Ende – und Saturn herrscht über die Zeit, das Lebensalter und den Tod. Er ist für das Grobstoffliche zuständig, in das wir uns freiwillig begeben haben, um unsere Aufgabe zu erfüllen. Er ermahnt uns, Lichtbringer zu sein und die Materie mit Konzentration und Ausdauer zu erhellen und zu durchleuchten. Hierzu gehört auch die Reinigung im ganzheitlichen Sinn. Saturns Stärken sind Ausdauer,

Disziplin, Beständigkeit und Härte. Er ermahnt uns, Grenzen zu setzen und uns auf das Wesentliche zu konzentrieren.

Der Samstag eignet sich auch bestens zum Putzen und Baden sowie für alle Reinigungsrituale. Seine Farbe ist schwarz, dunkelblau oder dunkles Violett. Als Tag der Materie eignet sich der Samstag auch für Erd- und Gartenarbeiten und zum Töpfern.

Essen sollten wir Mais – aber auch Popcorn, das sich aus den harten Maiskörnern in einem Topf mit etwas Öl zur Freude der Kinder leicht herstellen lässt.

Im September sollten Sie nicht versäumen, ein Maisfeld zu finden oder einen Bauern um einige Maiskolben, frisch vom Feld, zu bitten. Die Kolben faszinieren sehr – kein Wunder, da sie in vielen Kulturen heilig waren.

Maiskolben, in Wasser weich gekocht und mit Butter bestrichen, schmecken fast allen Kindern sehr gut. Fügen Sie dem Kochwasser je einen Teelöffel Zucker und Salz bei.

Sonnenwende

Der 21. Juni ist in unseren Breiten der längste Tag, und hier bei uns im Norden ist es nur wenige Stunden dunkel. Anschließend werden die Tage wieder kürzer, obwohl es noch lange warm bleibt. Die Wärme des Juli und August kommt aus der Erde, die sich in den Sonnenmonaten ausreichend erwärmt hat.

Der 24. Juni wird als Johannistag gefeiert, die Nacht vom 23. zum 24. Juni ist die Mittsommernacht, die in allen nordischen Ländern mit Feuern und Festen begangen wird. Johannes der Täufer, nach dem dieser Tag be-

nannt ist, war der Verkünder des Christus. Seine Worte: »Ich muss abnehmen, damit er wachsen kann«, lassen sich in Zusammenhang mit der Sonne sehen – obwohl die Sonnenwendfeiern natürlich viel älter sind als der christliche Johannistag.

Die lauen Juniabende laden dazu ein, lange draußen und wach zu bleiben, das Licht und die Wärme zu genießen und sich an der Natur zu freuen.

Gemeinsam mit anderen Familien, die auch Kinder haben, bietet sich ein Picknick im Grünen an, das mit einem Feuer beendet wird. Am Feuer gesungene Lieder und Tänze werden zu unvergesslichen Erlebnissen.

Sehr eindrucksvoll ist auch, sich gegen vier Uhr morgens zum Sonnenaufgang zu treffen. Die genaue Uhrzeit können Sie vielen Taschenkalendern entnehmen.

In meiner Gegend treffen sich am 21. Juni »Frauen in Rot«: Im Morgengrauen kommen sie aus allen Richtungen rot gekleidet am Ufer der Ostsee zusammen. Es wird getrommelt, gesungen, Rotes gegessen, der Sonnenaufgang bejubelt und getanzt. Viele baden auch anschließend. Es ist ein fröhliches Beisammensein, bei dem ein Feuer brennt, in das jede ihre Wünsche für den Sommer – gemeinsam mit duftenden Kräutern – werfen kann. Die Teilnehmerinnen sind zwischen null und achtzig und treffen sich schon seit vielen Jahren immer am gleichen Ort.

Tag- und Nachtgleiche im Herbst

Am 21. September sind Tag und Nacht wieder genau gleich lang. Nun müssen wir uns auf die zunehmende Dunkelheit einstimmen und können beobachten, wie die Natur beginnt, sich zurückzuziehen. Mitten in der Erntezeit müssen wir akzeptieren, dass die Fülle des Sommers sich neigt, dass die Tage kürzer werden und das Wetter schlechter. Für mich ist dieses Fest mit Sammlung, Dankbarkeit und Stille verbunden. Dunkelblaue Kleidung scheint mir angemessen, und wir können zum Abschied des Sommers der Erde ein Geschenk machen, indem wir aus Früchten und Samen ein riesengroßes Mandala legen – am Strand, auf den Gartenboden oder auf sonst einen freien Platz.

Ein Dankesfest

Unabhängig von der Ernte haben wir im Leben oft Grund, besonders dankbar zu sein. Vielleicht ist unser Sohn um Haaresbreite einem Auto entkommen, vielleicht sind wir bei Glatteis nur in den Graben gerutscht und nicht an den Baum, der dort auch stand. Vielleicht hat sich ein Familienmitglied von einer langen Krankheit erholt oder eine schwierige Operation ist gelungen. Vielleicht hat jemand eine Prüfung bestanden oder Sie haben es geschafft, sich ohne Hass von Ihrem Ehemann zu trennen.

Feiern wir doch ein Dankesfest!

Sie müssen selbst entscheiden, ob das ein großes Fest oder ein kleines werden soll, ein stilles oder ein lautes.

Vielleicht haben Sie Lust, allen Menschen, die Ihnen geholfen haben, ein kleines Geschenk zu machen oder der ganzen Familie ein großes.

Vielleicht bitten Sie alle Gäste, eine bestimmte Farbe zu tragen oder etwas Besonderes mitzubringen.

Vielleicht räuchern Sie und verschenken diesen Duft an gute Mächte.

Vielleicht pflanzen Sie zum Dank einen Baum oder eine Hecke oder eine wunderschöne Rose. Oder Sie sammeln und spenden Geld für eine Organisation, der Sie etwas verdanken oder die Sie unterstützen möchten.

Vielleicht nähen oder malen Sie gemeinsam ein Bild oder legen ein Mandala auf den Boden Ihres Gartens.

Neubeginn

So heißt ein Ritual, das der vietnamesische buddhistische Lehrer Thich Nath Hanh in seiner Gemeinschaft in Frankreich praktiziert. Es gefällt mir besonders gut und ich habe es schon vielen Familien und Gruppen empfohlen.

Die Teilnehmer kommen einmal in der Woche zusammen und sitzen im Kreis. In der Mitte steht eine Vase mit Blumen. Jeder, der etwas sagen möchte, legt zum Zeichen die Handflächen aneinander und nimmt anschließend die Vase.

In der ersten Gesprächsrunde sagt jeder, der mag, etwas, was ihm positiv aufgefallen ist. Mama zum Beispiel bemerkt, dass Jan diesmal den Mülleimer ohne Murren runtergebracht hat. Svenja war besonders nett zu ihrem kleinen Bruder. Wichtig ist, dass alles Vorgetragene

nicht bewertet oder kommentiert wird. Es bleibt im Raum stehen.

Anschließend wird darüber gesprochen, was einem Leid tut. Auch das ist freiwillig. Papa erklärt, dass es ihm Leid tut, zu spät gekommen zu sein. Svenja bedauert, dass sie am Freitag ihren Bruder getreten hat.

In der letzten Runde kann gesagt werden, was einen selber verletzt hat.

Mama fühlte sich durch Papas Kommentar über ihren unordentlichen Schreibtisch verletzt. Jan fand Mamas Worte am Mittwoch gemein.

Auch nach dieser Runde wird nichts bewertet oder kommentiert.

Zum Schluss umarmen sich alle schweigend.

Das Ritual heißt Neubeginn!

Rituale für Verstorbene

Für Kinder kann der Verlust eines geliebten Tieres genauso schmerzen wie der Abschied von einem Menschen. Ich finde es deshalb wichtig, Kinder mit zu Beerdigungen zu nehmen, wenn sie das möchten. Und ich finde auch notwendig, ein Beerdigungsritual für Tiere durchzuführen. In einer Gruppe über Biografiearbeit tauschten wir uns kürzlich über Tiergräber aus. Interessanterweise hatten alle anwesenden Erwachsenen die Erfahrung gemacht, dass die Gräber, die sie als Kinder für kleine Tiere liebevoll angelegt hatten, von Erwachsenen zerstört oder missachtet wurden.

Erstaunlich finde ich auch, dass schon kleine Kinder den Impuls verspüren, aus dem Nest gefallene Vögelchen zu begraben und die Stelle mit Blumen zu schmü-

cken. Was tun sie da? Sie geben das, was die Erde geschenkt hat, der Erde zurück. Sie danken mit den Blumen für das, was war. Sie achten und ehren somit das Leben.

Im Kindergarten meines Sohnes berichtete einmal ein Freund von der Beerdigung seines Großvaters. Er sagte: »Meinen Opa haben sie eingepflanzt.«

Ja – Asche zu Asche, Staub zu Staub.

Schön ist auch, dass viele Erwachsene ihren Kindern erzählen, die Toten seien jetzt »im Himmel«. Pippi Langstrumpf winkt ihrer verstorbenen Mutter bekanntlich öfter mal zu. Meine Mutter starb, als ich dreizehn war, und ich winke bis heute auf meine eigene Art.

Aus der Sterbeforschung wissen wir, dass der Tod oft schön erlebt wird – so schön, dass viele, die Nahtoderlebnisse hatten, zuerst gar nicht ins Leben zurückkehren wollten.

Trotzdem sind die »Hinterbliebenen« traurig und müssen Zeit und Raum zum Trauern haben. Jeder trauert auf seine Weise. Fest steht, dass Tränen sehr heilsam sind. Menschen, die nicht weinen können, haben es da schwer.

Es gibt heute viele Menschen, die jammern. Sie fühlen sich ständig in der Opferrolle. Wenn wir unsere Trauer und Wut herauslassen und uns dazu bekennen, wächst in uns das Gefühl, traurige Erlebnisse aushalten und beeinflussen zu können. Wer richtig trauert, überwindet das Leid irgendwann.

Nach Beerdigungen findet üblicherweise ein »Leichenkaffee« statt. Als Jugendliche fand ich es furchtbar, nach einer Beerdigung Kuchen zu essen. Heute sehe ich das ganz anders. Die vielen Menschen bei diesem Ritual können sich gegenseitig unterstützen und helfen, sie können sich über den Toten aussprechen und auch ruhig lachen. Der Tod ist oft auch Erlösung.

Manche reden viel, andere wenig. Manche möchten allein sein, andere wollen sich ablenken. Es tut nicht gut, den Schmerz zu unterdrücken. Ich empfehle Menschen, sich ein Bild von dem Toten hinzustellen und täglich davorzutreten. So können sie mit dem Verstorbenen reden, aussprechen, was noch zu sprechen ist oder eine Blume oder ein Symbol zu dem Bild legen.

Desgleichen kann man mit Tieren tun. Gerade wenn kein Grab in der Nähe oder gar keines vorhanden ist, muss der Trauernde einen Ort haben, an dem seine Trauer bleiben kann. Das kann natürlich auch ein Gedenkstein im Garten oder auf der Fensterbank sein.

Als Annes Katze überfahren wurde, weinte die ganze Familie.

Gemeinsam suchten sie im Garten nach einem passenden Platz für ein Grab.

Annes Vater schaufelte ein großes Loch, die Kinder pflückten Blumen.

Als Mimi hineingelegt wurde, weinten alle, sangen aber trotzdem ein Lied. Jeder schippte Erde über den toten Körper und die Blumen, die ihn bedeckten.

Mit einem großen Feldstein wurde die Stelle gekennzeichnet. Anne pflanzte eine kleine Rose daneben. In ein Fotoalbum klebte sie alle Bilder, die sie von Mimi hatte, auch die selbst Gemalten.

Weißt du noch?

Gemeinsame Erinnerungen prägen ein Familienleben stark. Sicherlich gucken Sie sich auch ab und zu mit ihren Kindern Fotoalben, Dias oder Videos an. So kommen Erinnerungen an vergangene Tage und schöne

Erlebnisse in den Alltag zurück. Wenn Sie sich einen großen Karton zulegen, in dem ausgewählte Werke Ihres Kindes gesammelt werden, kann es zu einem schönen Ritual werden, diese von Zeit zu Zeit zu betrachten. »Guck mal, diesen Mann hast du zu deiner Einschulung gemalt.« »Diesen himmelblauen Osterhasen hast du in der Vorschule geknetet.« »Dies war dein erstes Bild überhaupt.«

Es kann dann für jedes Kind etwas ganz Besonders sein, in diesem kleinen Ritual gewürdigt zu werden und zu erkennen, wie man sich täglich weiterentwickelt und wächst.

In einem kostbaren Döschen habe ich die kleinen Armbänder, die Neugeborene im Krankenhaus erhalten, und die Nabel-Klammern meiner Kinder aufbewahrt. Andächtig betrachten wir sie von Zeit zu Zeit.

Viele Eltern heben auch die ersten Schuhe oder das erste Strampelhöschen ihres Kindes auf. Sehr dankbar werden Kinder auch für das Führen eines Tagebuches sein, in das natürlich auch die erste Locke geklebt wird.

Wir werden immer größer, jedes Jahr ein Stück

Als wir klein waren, maß mein Vater uns zweimal im Jahr am Türrahmen. Dort wurde mit Bleistift eine Markierung angebracht und beschriftet. Ich habe dieses Ritual geliebt, zeigte es doch, wie ich wuchs und dass mein Vater sich daran freute.

Natürlich habe ich meine Kinder auch am Türrahmen gemessen.

Wegfliegen:
Wenn Kinder das Haus verlassen

Im Morgengrauen kam ein Lastwagen, dessen klappriges Aussehen uns fast entsetzte. Schnell waren die wenigen Habseligkeiten eingeladen. Zitternd vor Kälte und Abschiedsschmerz verfolgte die kleine Schwester das Geschehen. Unser ältester Sohn verließ das Haus, um tausend Kilometer entfernt seinen Zivildienst abzuleisten.

Ich spürte einen großen Schmerz und gleichzeitig das Glück, das ich selber fühlte, als ich mein Elternhaus verließ. Was für eine Freiheit!

Zuvor waren wir alle zusammen essen gegangen und hatten uns noch einmal Dias aus seinem Leben angeschaut. »Familienbilder« heißt dieses Ritual. Und es gehört zu meinen liebsten.

Davor hatte es die Entlassungsfeier der Abiturienten in der Schule gegeben und den Abi-Ball. Wir sind zwar erfahrene Eltern. Aber das alles war völlig neu.

Inzwischen sind fast zwei Jahre vergangen, und es haben sich neue Rituale entwickelt.

Die Telefongespräche mit dem weit entfernten Sohn.

Der liebevolle morgendliche Blick auf den Fotokalender, der in der Küche hängt – ein Weihnachtsgeschenk von ihm.

Das Bahnhofs-Ritual, wenn er nach Hause kommt.

Die guten Wünsche und Gedanken, die ich ihm nach Freiburg schicke.

Rituale zur Überwindung von Ängsten

An dem Maskottchen, das Sportler zu Wettkämpfen mitnehmen, lässt sich erkennen, welche Bedeutung und Verbreitung Rituale haben. Das Maskottchen verhilft zum Sieg und lindert die Angst vor der Niederlage.

Vielleicht kennen Sie auch den Trick, sich Vokabeln vor dem Einschlafen noch einmal durchzulesen und dann unter das Kopfkissen zu legen. Man behält sie dann besser und muss den Vokabeltest nicht fürchten.

Ein Glücksstein, den sich das Kind selber ausgesucht hat, nimmt ihm die Angst vor Unglück aller Art.

Viele Menschen klopfen auch dreimal auf Holz, um Ängste vor Unglück loszuwerden.

»Ist das nicht Aberglaube?«, werden Sie vielleicht fragen.

Wenn wir darüber nachdenken, sind die Grenzen zwischen Glauben und Aberglauben fließend. Wenn wir – aufgrund eines Aberglaubens – an unser Glück glauben, vermehren sich auch seine Chancen. Denn bekanntlich ziehen gute Gedanken auch gute Situationen und Gegebenheiten nach sich.

In Tibet haben Eltern Angst um das Leben ihrer Neugeborenen, denn die Säuglingssterblichkeit ist hoch. Zahlreiche Schutzrituale (vgl. S. 231) helfen ihnen, diese Ängste zu überwinden. Aus vergangenen Jahrhunderten sind bei uns bis heute einige Rituale gegen Angst verbreitet – zum Beispiel die Segenszeichen an den Häusern am Tag der heiligen Drei Könige, Heiligenbilder, Reliquien, Amulette ... Auch wenn wir einige dieser Handlungen heute nicht mehr würdigen oder ablehnen, verdeutlichen sie doch, dass wir den Schicksalskräften nicht hilflos ausgeliefert sind, sondern selber etwas tun können, um Ängste zu überwinden. Sind es nicht gerade die

unausgesprochenen und nicht zugelassenen Ängste, die vielen Menschen heute so zu schaffen machen?

Michel war ein Kind, das immer perfekt sein wollte. Er war sechs Jahre alt und hatte keine Geschwister. Seine Eltern beklagten sich, dass er ständig weinte und sich Sorgen um alles Mögliche mache. Wenn sein Vater ihm ein Brot schmierte, weinte er, weil es runterfallen könnte. Wenn er Hausaufgaben machte, weinte er, weil sie falsch sein könnten. Wenn er spielte, befürchtete er, dass etwas kaputt gehen könnte. Aufmunternde Worte oder Ablenkungsversuche der Eltern waren bisher fehlgeschlagen. In einer familientherapeutischen Beratung wurde Michel folgendes Ritual empfohlen: Er sollte sich mit seinem Vater zusammensetzen und alle Dinge und Situationen präzise aufschreiben lassen, vor denen er sich fürchtete. Michel sollte sich dann mit diesem Zettel am Abend in einen besonderen »Sorgenstuhl« setzen und weinen und sich Sorgen machen. Danach – aber wirklich erst danach – könne er mit seinem Vater spielen oder fernsehen.

Außerdem sollte der Vater Michel eines seiner großen Stofftaschentücher geben, das er immer bei sich trage. Dieses Tuch solle Michel jetzt benutzen, um seine Tränen abzutrocknen und es in der Hand zu halten, während er sich Sorgen machte. Er würde dann bald bemerken, wie die Sorgen immer kleiner würden.

Und so war es auch.

Michels Sorgensitzungen wurden immer kürzer. Er zog es bald vor, nur noch mit seinem Vater zu spielen.

Wenn ein Kind Angst vor der Dunkelheit hat, können wir ihm eine kleine Lampe schenken, die nachts leuchten darf. Sagen Sie einen einfachen Spruch auf, wenn Sie die Lampe anmachen, zum Beispiel:

*Jetzt zünden wir
das Schlaflämpchen an,
damit mein Schätzchen
sehen kann.
Horch in dein Kissen,
es erzählt dir was,
das Träumen macht
so großen Spaß.
Gute Nacht!*

Ein Teddybär oder eine weiche Puppe helfen gegen die Angst vor dem Alleinsein. Damit sie als Helfer ernst genommen werden, müssen sie lebendig werden, indem sie sprechen und handeln. Das Buch von Pu, dem Bären, zeigt uns auf amüsante Weise, wie Teddys und andere Tiere zum Leben erwachen. Natürlich müssen sie abends auch gut zugedeckt werden. Ohne weiteres sind sie auch bereit, die Ängste des Kindes anzuhören, wenn sie ihm oder ihr ins Ohr geflüstert werden. Sie dürfen auch die Gutenachtgeschichte mithören und bekommen einen Abschiedskuss.

Später vertrauen Menschen ihre Ängste gern einem Tagebuch an, das dann in ritualisierter Form benutzt wird. Claudia Mandorf teilt in ihrem Buch mit, dass sie die Angst vor ihrer lebensbedrohenden Krankheit durch Tagebuchschreiben überwinden konnte.

Sorgenpüppchen kommen aus Lateinamerika. Wir können sie im Dritte-Welt-Laden kaufen (und damit Kindern auch auf diese Weise helfen) oder selber herstellen, indem wir ein einfaches Püppchen nähen oder schnitzen. Dieses Figürchen hört sich jeden Abend die Ängste und Sorgen des Kindes an, wird dann unter das Kopfkissen gelegt – und – o Wunder – am nächsten Morgen sind die Sorgen weg!

Ein einfaches und wirksames Ritual ist das tägliche Gebet. Indem wir morgens und abends und vielleicht auch zwischendurch Kontakt aufnehmen zu »guten Mächten«, können wir die wunderbare Geborgenheit erfahren, die Dietrich Bonhoeffer selbst angesichts seiner bevorstehenden Hinrichtung erfuhr. Manche Eltern beten mit ihren Kindern am Bett und führen sie so selbstverständlich schon im Kleinkindalter in das Beten ein. Andere erzählen ihren Kindern, wie sie selber beten und ermuntern sie, mit Gott zu reden. Kleine Altäre oder Statuen, wie sie es früher in jedem Haus gab, können helfen, sich an das tägliche Gebet sowie den göttlichen Schutz zu erinnern.

Das tägliche Gebet hilft uns, die Banalitäten des Alltags mit Humor und Gelassenheit zu tragen und selbst in Lebenskrisen den Mut nicht zu verlieren.

Es spielt keine Rolle, ob Sie vorgefertigte Gebete sprechen oder beten, wie Ihnen »der Schnabel gewachsen« ist. Beten hilft – immer.

Reinigungsrituale

Manchmal fühlen wir uns innerlich beschmutzt, und oft sind wir äußerlich »dreckig« und fühlen uns dann auch so. Wenn wir unsere kleinen Kinder an ein abendliches Reinigungsritual gewöhnen, wird das tägliche Waschen und Zähneputzen bald zu einer selbstverständlichen Gewohnheit.

> *Du bist ein kleiner Nackedei,*
> *Du bist Hans Patschenass,*
> *Und wie dich Gott geschaffen hat,*
> *So setz ich dich ins Fass.*

Vor übertriebener Reinigung möchte ich jedoch warnen, denn alle Bakterien und Viren auf dieser Welt haben ihren Sinn und leben in friedlichem Einklang mit uns, wenn unser Immunsystem intakt ist. Freude und Wohlfühlerlebnisse sorgen dafür, dass wir gesund bleiben. Desinfektionsmittel haben nur eine sehr begrenzte Wirkung.

Das abendliche Baden kann zu einem großen Vergnügen werden, und Schaum- und Wasserspiele in der Wanne verschaffen Eltern eine ruhige halbe Stunde – oder mehr. Es spricht aber auch einiges dafür, gemeinsam mit dem Kind zu baden und Entspannung zu genießen. Florian Langenscheidt widmet ihm ein eigenes Kapitel und schwört auf ein Baderitual von Vater und Sohn.

Reinigen kann jedoch nicht nur mit Wasser stattfinden. Früher war es üblich, in den Nächten zwischen Weihnachten und Neujahr das Haus »auszuräuchern« und damit von Schlechtem und Negativem zu reinigen.

Auf S. 53 habe ich über das Räuchern geschrieben, das in vielen Ritualen zur Anwendung kommt.

Wenn unsere Kinder schlechte Erlebnisse hatten und das Gefühl haben, noch damit »behaftet« zu sein, kann eine Räucherung ihnen helfen, sich davon zu befreien.

Jugendliche zünden sich gern Räucherstäbchen an, um ihre ganz eigene Atmosphäre herzustellen und sich wohl zu fühlen.

Wenn ein heftiger Streit einen Raum vergiftet, empfiehlt es sich, gründlich zu lüften und zu räuchern, um die Atmosphäre zu reinigen.

Indem wir an der Haustür unsere Schuhe ausziehen, geben wir bekannt, dass wir den Schmutz der Straße nicht in unsere Wohnung tragen wollen.

Ein gemeinsamer Saunagang reinigt uns durch Schwitzen.

Das indianische Reinigungsritual der Schwitzhütte findet auch bei uns immer mehr Verbreitung. In Berlin gibt es sogar eine Grundschule, die auf ihrem Gelände eine Schwitzhütte stehen hat. Diese besteht aus einer aus Weidenruten gebauten Kuppel, die einem Iglu ähnelt. Über dieses Gerüst werden dicke Decken gelegt, so dass es im Innern ganz dunkel ist. Die Teilnehmer kriechen leicht bekleidet durch einen Eingang hinein und sitzen um eine kreisrunde Vertiefung auf dem Boden, in die glühende Steine gelegt werden. Vor der Schwitzhütte befindet sich eine Feuerstelle, in der der »Feuermann« oder die »Feuerfrau« die Steine erhitzt und dann mit Hilfe einer geeigneten Forke in die Schwitzhütte legt. Mit einer Wasserkelle werden die Steine übergossen, so dass im Innern sehr bald eine immense Hitze entsteht. Die rituelle indianische Schwitzhütte dient der ganzheitlichen Reinigung, deshalb werden in ihr auch Gebete gesprochen und Lieder gesungen, die helfen, alles körperlich und geistig Belastende auszuschwitzen.

Auch das leidige Aufräumen und Putzen gelingt ritualisiert ungleich besser. »König und Diener« ist ein Spiel, das meine Söhne erfanden, als sie klein waren und sich ein Zimmer teilen mussten. Im Fünf-Minuten-Takt abwechselnd war einer Diener und einer König, Der König hatte dem Diener zu befehlen, welche Arbeiten erledigt werden mussten. Wenn das Zimmer ordentlich war, durften sich König und Diener noch mit Speisen und Getränken verwöhnen.

Plagegeister

Schlagen Sie Mücken und Fliegen einfach tot? Und wie erklären Sie das Ihren Kindern?

Ich erinnere mich sehr gut an eine Diskussion, die wir mit Freunden während der Ferien in Irland hatten. Unsere Söhne waren damals noch klein und vergnügten sich damit, Fliegen mit einer Klatsche zu erschlagen. Wir ließen sie gewähren und verteidigten sie, weil uns die Argumente der Freunde moralisierend erschienen. Schließlich aßen sie damals noch täglich Fleisch. War das nun Töten aus Vergnügen oder Notwehr?

Heute sind meine Söhne strikte Vegetarier – aber sie fordern im Sommer von mir, einen Klebestreifen aufzuhängen, an dem die Fliegen, die es hier zahlreich gibt, qualvoll sterben.

Ich bin inzwischen zu der Erkenntnis gekommen, dass ich möglichst keine Tiere töte – auch dann nicht, wenn sie mich ärgern. Sicherlich werde ich unter den Lesern dieses Buches nur wenig Zustimmung in dieser Frage erhalten, aber für mich lohnt es sich, ein kleines Ritual auszuprobieren, das darin besteht, mit dem Plagegeist Kontakt aufzunehmen. Dazu müssen wir still werden und uns auf das kleine Wesen konzentrieren. Wir denken innerlich: »Geh weg!«, und dürfen es auch mit der Hand verscheuchen.

Schutz- und Segens-Rituale

Die Vorstellung, im Kreis der Familie zu sterben und zuvor alle zu segnen, berührt mich zutiefst – seit ich als Kind biblische Geschichten diesen Inhalts hörte. Wie sehr wünsche ich mir einen solchen Tod.

Aber auch als Lebende können wir segnen und Segen von ihnen erhalten. Segen meint die Kraft, die das Leben hervorbringt, Segen ist Liebe, Segen ist das Göttliche, das uns durchströmt.

In jedem Gottesdienst werden wir gesegnet. Und wenn der Pastor seine Hände ausbreitet und die Worte spricht: »Der Herr segne dich und behüte dich. Der Herr lasse sein Angesicht leuchten über dir und sei dir gnädig. Der Herr erhebe sein Angesicht auf dich und gebe dir Frieden«, fühle ich mich geborgen und geschützt.

In der Bibel gibt es verschiedene Segensformeln. Wir können jedoch unser eigenes Segensritual entwickeln und unseren Kindern damit sehr viel Gutes tun.

Viele Eltern haben große Ängste um das Leben ihrer Kinder. Wäre es da nicht sinnvoll, sie zu segnen? Was für eine wunderschöne Geste ist es, einem Kind die Hand auf den Kopf zu legen und laut oder leise einen Segensspruch zu sprechen.

Möge Segen dich begleiten,
Mögest du behütet sein.
In guten wie in schlechten Zeiten
geborgen und gesegnet sein.

Ich glaube, dass wir alle die Kraft des Segnens haben, wenn wir bereit und offen sind, sie zu nutzen.

Wir können unser tägliches Brot segnen, indem wir die Hände darüber legen und uns eine Weile darauf mit guten Gedanken konzentrieren. Überhaupt kann jeder Gedanke wie Segen wirken, wenn wir ihn mit Liebe, Freude und Zuversicht denken.

Literatur

Basle, Brigitte/Maar, Nele: Alte Rituale – Neue Rituale, Geborgenheit und Halt im Familienalltag, Freiburg 1999
Behringer, Hans Gerhard: Die Heilkraft der Feste, Der Jahreskreis als Lebenshilfe, München 1997
Besser-Siegmund, Cora: Sanfte Schmerztherapie, Düsseldorf 1989
Betz, Otto: Die geheimnisvolle Welt der Zahlen, Mythologie und Symbolik, München 1999
Beuchert, Marianne: Symbolik der Pflanzen, Frankfurt a.M. 1995
Boie, Kirsten: Man darf mit dem Glück nicht drängelig sein, Hamburg 1996
Brentano, Clemens: Werke, München, o.J.
Ebner-Eschenbach, Marie von: Sämtliche Werke
Epstein, Gerald: Gesund durch die Kraft der Vorstellung, München 1992
Ferguson, Gary/Wall, Kathleen: Rituale für Lebenskrisen, Die Verwandlung von Angst in Energie, München 1999
Ferrari, Renate: Spür die Stille im Advent, Ein Besinnungs- und Ideenbuch für Eltern und Kinder, Freiburg 1999
Fontane, Theodor: Gedichte
Gordon, Thomas: Familienkonferenz, München 1989
Grün, Anselm: Geborgenheit finden, Rituale feiern, Wege zu mehr Lebensfreude. Stuttgart 1998
Hirschi, Gertrud: Sieben Wege glücklicher zu werden, Die Energien der Wochentage nutzen, Freiburg 1999
Hubbell Maiden, Anne/Farwell, Edie: Willkommen in dieser Welt, Die tibetische Kunst, Kinder ins Leben zu begleiten, München 1999
Jaffke, Freya: Feste im Kindergarten und Elternhaus, 3.A. Stuttgart 1997

Janosch, Das große Buch der Kinderreime, Zürich 1984
Jeffers, Susan: Selbstvertrauen gewinnen – Die Angst vor der Angst verlieren, München 1992
Jung, C.G., Werke
Kabat-Zinn, Myla und Jon: Mit Kindern wachsen, Die Praxis der Achtsamkeit in der Familie, Freiamt 1997
Kaufmann-Huber, Gertrud: Kinder brauchen Rituale, Freiburg 3.A.1995
Keyserlingk, Linde von: Neue Wurzeln für kleine Menschen, Von Trennungen und Neuanfängen, Freiburg 1998
Kirchhoff, Hermann: Christliches Brauchtum, Feste und Bräuche im Jahreskreis, München 1995
König, Hermine: Das große Jahresbuch für Kinder, Feste feiern und Bräuche neu entdecken, München, 2.A. 1996
Kutik, Christiane/Ott-Heidmann, Eva-Maria: Das Jahreszeitenbuch, Stuttgart 3.A.1989
Langenscheidt, Florian: Glück mit Kindern, Eine Liebeserklärung in Geschichten und Bildern, München 1997
Lindgren, Astrid: Im Land der Dämmerung, Hamburg 1995
Lindgren, Astrid: Pippi Langstrumpf, Hamburg 1986
Mandorf, Claudia: Angstanfälle – Hilfe in der ersten Not, Stuttgart 1998
Minker, Margaret: Der Mondring, Feste und Geschenke zur ersten Menstruation, München 1996
Nöstlinger, Christine: Oh du Hölle, Weinheim 1995
Pollack, William: Richtige Jungen, Was sie vermissen, was sie brauchen, Ein neues Bild von unseren Söhnen, Bern, München, Wien 1998
Preuschoff, Gisela: Kinder mit Mandalas zur Stille führen, Kreative Anregungen und praktische Übungen für Eltern und Kinder, Freiburg 1997 (vergriffen)
Riedel, Ingrid: Farben in Religion, Gesellschaft, Kunst und Psychotherapie, Stuttgart 1999
Schnack, Dieter/Neutzling, Rainer: Kleine Helden in Not, Jungen auf der Suche nach Männlichkeit, Reinbek 1990
Weltzien, Diane von: Rituale neu erschaffen, Elemente gelebter Spiritualität, München 1999

Quellennachweis

Wir danken den im Folgenden genannten Rechteinhabern für die freundlicherweise erteilten Abdruckgenehmigungen:

S. 156 35 neue Gesänge aus Taizé (Im Dunkel unsrer Nacht). Verlag Herder, Freiburg, 6. Auflage 1997.

Freya Jaffke: Feste im Kindergarten und Elternhaus. Verlag Freies Geistesleben, Stuttgart, 3. A. 1997.

S. 161 ff. Drei Gedichte aus: Renate Ferrari: Spür die Stille im Advent. Christophorus-Verlag GmbH, Freiburg 1999.

S. 187 Hermine König: Das große Jahresbuch für Kinder. Kösel-Verlag, München 1996.

Die Deutsche Bibliothek - CIP-Einheitsaufnahme
Ein Titeldatensatz für diese Publikation ist bei
Der Deutschen Bibliothek erhältlich

1 2 3 4 5　　　　04 03 02 01 00

© 2000 Kreuz Verlag Zürich, Postfach 621, CH-8034 Zürich
Ein Unternehmen der Dornier Medienholding
http://www.kreuzverlag.de
Umschlaggestaltung: Atelier Reichert, Stuttgart
Umschlagfoto: Erich Kuch
Satz: Rund ums Buch – Rudi Kern, Kirchheim/Teck
Druck und Bindung: GGP Media GmbH
Die Schreibweise entspricht den Regeln der neuen
Rechtschreibung
ISBN 3 268 00259 5

Erziehungsfragen

200 Seiten, Broschur
Bestell-Nr. 00215

Meinungsverschiedenheiten über Erziehungsfragen gehören zum Alltag in jeder Familie. Die Autorin begründet, warum Männer und Frauen grundsätzlich verschieden erziehen. Sie zeigt Wege, wie Eltern konstruktiv damit umgehen und voneinander lernen können.

KREUZ: Was Menschen bewegt.
www.kreuzverlag.de

Selbstbewusstsein und *Selbstständigkeit* von Kindern fördern

180 Seiten, Paperback
ISBN: 3-268-00210-2

Die Mutter von drei Kindern zeigt an Beispielen, wie im ersten Lebensjahr die Basis für Selbstständigkeit und Selbstbewusstsein gelegt werden kann, indem die Entwicklungskräfte des Babys einbezogen werden.

KREUZ: Was Menschen bewegt.
www.kreuzverlag.de